[NO]TIONS ÉLÉMENTAIRES

[D'ÉCO]NOMIE POLITIQUE

A L'USAGE

DES ÉTUDIANTS EN DROIT

PAR

FERNAND BERNARD

DOCTEUR EN DROIT
ANCIEN MAGISTRAT, AVOCAT A LA COUR D'APPEL DE PARIS

LIBRAIRIE
DE LA SOCIÉTÉ DU RECUEIL J.-B. SIREY & DU JOURNAL DU PALAIS
Ancienne Maison L. LAROSE ET FORCEL
22, *rue Soufflot, PARIS, 5e Arrondt*
L. LAROSE & L. TENIN, Directeurs

1905

NOTIONS ÉLÉMENTAIRES

D'ÉCONOMIE POLITIQUE

A L'USAGE

DES ÉTUDIANTS EN DROIT

IMPRIMERIE
CONTANT-LAGUERRE
LUX VITAM
BAR-LE-DUC

NOTIONS ÉLÉMENTAIRES

D'ÉCONOMIE POLITIQUE

A L'USAGE

DES ÉTUDIANTS EN DROIT

PAR

FERNAND BERNARD

DOCTEUR EN DROIT
ANCIEN MAGISTRAT, AVOCAT A LA COUR D'APPEL DE PARIS

LIBRAIRIE
DE LA SOCIÉTÉ DU RECUEIL J.-B. SIREY & DU JOURNAL DU PALAIS
Ancienne Maison L. Larose et Forcel
22, *rue Soufflot*, *PARIS*, 5e *Arrondt*
L. LAROSE & L. TENIN, Directeurs

1905

AVERTISSEMENT

Le petit ouvrage que je livre aux étudiants n'est qu'un écho des théories enseignées à la Faculté de droit de Paris : théories assez contradictoires du reste, puisque nos divers professeurs d'économie politique appartiennent à des écoles dissidentes.

Je n'entends en aucune façon engager mes opinions personnelles, me réservant de les exposer, si j'en ai le loisir, dans une œuvre plus étendue.

Paris, 30 décembre 1904.

F. BERNARD.

NOTIONS ÉLÉMENTAIRES
D'ÉCONOMIE POLITIQUE
A L'USAGE
DES ÉTUDIANTS EN DROIT

INTRODUCTION

§ 1. — NOTIONS PRÉLIMINAIRES.

1. — Les étudiants se font souvent un monstre de l'économie politique qu'ils considèrent comme un ensemble de formules abstraites et inintelligibles. Aucune science n'a pourtant un caractère plus pratique, une application plus journalière. Nous passons notre temps à faire de l'économie politique comme M. Jourdain faisait de la prose « *sans le savoir* ».

Tout le monde conçoit plus ou moins ce que c'est que l'*économie domestique*. On sait que ce nom désigne l'administration d'un bon père de famille qui gère son patrimoine au mieux des intérêts de l'agglomération familiale, s'applique — soit en s'abstenant de gêner l'intelligente initiative de ceux qui l'entourent, soit en guidant cette initiative, — à satisfaire le plus complètement possible leurs intérêts matériels et moraux, et à laisser, après lui, à ses enfants la plus grande somme de richesses honorablement acquises.

Mais l'homme ne vit pas dans un milieu restreint, borné à sa simple *domus* : c'est un animal sociable, πολιτικὸν ζῷον. Étendez à la société les préoccupations du chef de famille, transformez celui-ci sous un nom quelconque (roi, empereur, président du conseil ou parlement) en pasteur de peuples et, de l'*économie domestique*, vous aurez fait l'*économie politique*.

2. — **Définitions de l'économie politique :** L'économie politique, d'après M. Gide, est la science qui étudie les besoins des hommes réunis en société et les moyens de les satisfaire.

Plus brièvement, et avec moins de précision, on définit l'économie politique (c'est une définition traditionnelle, — « la science de la richesse... ». — C'est qu'en effet on donne le nom générique de richesses aux divers objets qui satisfont aux besoins des hommes.

3. — **Les besoins :** L'obligation qui s'impose à tout être, pour atteindre ses fins, d'emprunter certains secours au monde extérieur constitue *le besoin;* on donne le nom de *désir* à la souffrance que l'homme éprouve lorsqu'un de ses besoins n'est pas satisfait.

Les premiers besoins de l'homme sont l'alimentation, le vêtement, le logement, la défense. — M. Gide ajoute, non sans raison, la parure dont le désir est inné chez l'homme si primitif qu'il puisse être, et cite le mot connu de Théophile Gautier : « Aucun chien n'a eu l'idée de se mettre des boucles d'oreilles ! » — tandis que l'homme a demandé aux baies des buissons, aux coquillages du littoral, ces premiers ornements dont l'appétence est propre à l'espèce humaine.

4. — Il y a deux moyens de procurer à l'homme la paix sociale et le bonheur individuel. Le premier consiste à limiter ses besoins, le second à les satisfaire. Les cyniques et les ascètes se rencontrent pour préconiser le premier ; mais ce recul vers l'état primitif ne paraît pas conforme aux intentions de la Providence.

5. — **Loi de substitution** : Mais tous les besoins ne sont pas bons à satisfaire ! On répond à cette objection par la *loi de substitution*. Quand un besoin est malsain au point de vue physique ou moral on peut le remplacer par un autre. On ne détruit bien que ce que l'on remplace ! La société française du XVIIe siècle où la littérature et l'ivrognerie fraternisaient au même cabaret a été guérie de l'alcoolisme par le goût du café. — Et c'est un enseignement dont profitent de nos jours les sociétés de tempérance. — On a guéri plus d'un libertin ou d'un prodigue par des habitudes de bienfaisance, de charité[1]....

6. — Les besoins de l'homme sont illimités en nombre puisque l'homme, être essentiellement imitatif, a envie de tout ce qu'il voit en la possession de son semblable.

Mais si les besoins de l'homme sont illimités en

1 Gide, p. 48-49.

nombre, ils sont limités en *capacité*[1]. Il fait de l'économie politique sans s'en douter, cet ivrogne qui se console de n'être pas riche en murmurant : « Quand tu serais millionnaire, pourrais-tu être plus saoul que cela? »

7. — **La richesse :** La richesse est l'ensemble des éléments que l'homme est obligé d'emprunter au monde extérieur pour la satisfaction de ses besoins.

Et, si nous allons au fond des choses, nous dirons qu'une chose n'est une richesse qu'à la condition :

1° d'être *utile* ou tout au moins *jugée utile* à nos besoins;

2° de pouvoir être utilisée par nous, ce qui suppose l'appropriation.

Aussi définit-on le plus habituellement la richesse : « Tout objet *utile* et *approprié* par l'homme ». L'utilité théorique ne suffirait pas : il faut encore que l'objet soit susceptible d'appropriation. — Allons plus loin : il faut qu'il soit effectivement approprié. Les raisins pendus trop haut pour qu'il pût les atteindre ne constituaient pas une richesse pour le renard de la fable.

Toutefois, l'école de l'économie nationale écarte de la notion de la richesse l'idée de l'appropriation effective, et se contente de la possibilité de l'appropriation. C'est en parlant son langage, adopté d'ailleurs par la langue courante, que l'on appelle des mines inexploitées « des richesses enfouies dans le sol[2] ».

1 Gide, *loc. cit.*

2 M. Cauwès à son cours de 1903-1904. — Conf. dans le sens du texte, Beauregard, p. 15; Gide, p. 53.

8. — *Richesses immatérielles :* La richesse consistant dans un ensemble d'objets utiles et appropriés à l'homme, quelques économistes se sont demandé s'il était nécessaire qu'elle fût matérielle. L'existence de richesses immatérielles (par exemple la satisfaction procurée par l'assistance à un beau spectacle ou par l'audition d'un virtuose de talent) a été enseignée par J.-B. Say, par Dunoyer; — elle est repoussée par le plus grand nombre des économistes. Nous ne voyons pas un sérieux intérêt pratique à nous arrêter à cette question[1].

9. — **Science et art économiques :** L'économie politique est-elle une science ou un art? On a beaucoup discuté cette question : il est facile de mettre tout le monde d'accord en reconnaissant qu'il existe une *science économique* et un *art économique.*

10. — La recherche des lois économiques est la *science économique.* — L'économie politique appliquée ou l'*art économique* consiste dans la recherche de ce que les hommes peuvent faire pour tirer le meilleur parti possible des lois économiques. L'économie politique est un art quand elle cherche ce qui convient le mieux à l'humanité, au développement économique d'un peuple ou d'un pays[2].

11. — **Lois économiques :** On a contesté l'existence même de ces *lois;* peut-être parce qu'il n'y a pas une science où l'on ait plus abusé du mot

1 V. Dunoyer, *Théorie des produits immatériels*, p. 256 et s. — Conf. Beauregard, p. 19.

2 M. Bourguin à son cours; — Gide, p. 4. — Beauregard, p. 10 et 11. — Cette distinction perd néanmoins beaucoup de son crédit. V. M. Gide, *loc. cit.* — Conf. cours de M. Bourguin, et cours de doct. de M. Cauwès, 1903-1904.

« loi » que dans l'économie politique. La plupart de ceux qui ont disserté sur la matière ont éprouvé le besoin d'attacher leur nom à un système qu'ils ont baptisé du nom de *loi*, comme les astronomes attachent leur nom à une planète fort insoucieuse de cet honneur.

Le caractère d'une loi scientifique, dit-on, est l'immutabilité. Or des lois immuables ne peuvent présider aux rapports des hommes vivant en société, rapports qui se transforment avec les temps et les milieux. A cela l'on répond que cette variabilité ne saurait empêcher que dans les mêmes conditions d'époque et de milieu ou dans des conditions identiques, un fait économique donné produise une conséquence inéluctable donnée[1].

12. — *Lois statiques et lois dynamiques* : Les lois économiques se diviseraient d'ailleurs en lois *statiques* et lois *dynamiques*. Nous ne rencontrons guère dans les œuvres ou dans l'enseignement économique de définition des unes et des autres.

« Il faut distinguer, dit Auguste Comte, des lois de *statique* et des règles de *dynamique* sociale ».

« L'économie politique, enseigne M. Deschamps, étudie la société économique à deux points de vue : 1° au point de vue statique : on se place à un moment donné ; — 2° au point de vue dynamique : on étudie les forces dans leur durée et on examine les résultats qu'elles produisent[2] ».

M. Gide : « On n'est pas... autorisé à conclure que, parce que les lois naturelles sont permanentes

1 Gide, 6-11, 28.
2 M. Deschamps, cours de 1901-1902.

et immuables, les faits et les institutions économiques actuelles doivent avoir un caractère de permanence et d'immutabilité... si, au contraire, comme tend à le démontrer la science contemporaine, la loi naturelle par excellence est celle de l'évolution, alors il faudra dire que les lois naturelles, bien loin d'exclure l'idée de changement la supposent toujours...[1] ».

M. Cauwès : « ... Les classiques affirment que les lois naturelles sont universelles et immuables : — les écoles dissidentes enseignent qu'il faut tenir compte des temps et des milieux et qu'il y a des règles dont la valeur est transitoire et locale[2] ».

Nous ne pouvons pas retenir à titre de définition cette formule de M. Bourguin : « De même que les lois dynamiques sont des lois de force et de mouvement *qui dirigent l'évolution dans un certain sens*, les lois statiques sont des lois régissant les phénomènes économiques dans une société considérée à l'état de repos, à un moment donné, à une certaine phase de l'évolution...[3] ».

L'absence de définition dans tant d'œuvres et de cours donnerait à penser que la définition des lois statiques et des lois dynamiques a été considérée comme impossible.

13. — **La méthode :** Deux méthodes scientifiques se partagent les préférences des économistes : l'école libérale procède par la méthode déductive ; les écoles historiques par la méthode inductive. C'est dire que l'école inductive est au-

1 Gide, *Principes d'économ. pol.*, p. 28.
2 M. Cauwès, cours de 1902-1903.
3 M. Bourguin à son cours.

jourd'hui beaucoup plus en faveur que le système concurrent.

14. — *Méthode déductive :* La méthode *abstraite* ou *déductive* employée par l'école classique consiste à partir de certaines données générales admises comme indiscutables pour en déduire, par voie de conséquence logique, toute une série de propositions[1].

Les *orthodoxes* veulent que toute l'économie politique puisse dépendre d'un principe. On a dit quelquefois, non sans raison peut-être, que les économistes de l'école libérale admettent le libéralisme partout sauf dans l'Économie politique[2].

15. — *Méthode inductive :* C'est la méthode d'observation. On part de l'observation de tous les faits sociaux tels qu'ils nous sont révélés dans le présent par les récits des voyageurs, dans le passé par l'histoire, et de cette masse de faits observés on tirera non plus des lois générales régissant l'homme abstrait, mais des lois régissant des hommes vivant à une époque déterminée dans une société déterminée.

16. — M. Gide, — après Stuart Mill, — tout en rendant justice à la méthode d'observation la croit insuffisante et formule en trois propositions la méthode à suivre; il faut d'après lui :

1° Observer les faits;

2° Imaginer une explication générale (formuler une hypothèse);

3° Vérifier l'hypothèse imaginée.

(Nous faisons remarquer que cette méthode n'a

1 Gide, p. 15.
2 M. Souchon à son cours de 1899-1900.

rien de spécial à l'économie politique : elle s'applique à toutes les sciences).

« En ce qui concerne la recherche des lois économiques, il est bien certain que l'on peut employer la méthode déductive. Il suffit, pour avoir une loi économique, de partir d'un principe général et d'en tirer les conséquences par la voie du raisonnement... *Mais il ne faut pas se borner là.* On a construit une hypothèse; mais on n'a le droit de l'ériger en loi que si l'on a vérifié le résultat par l'expérience, si l'on s'est assuré au moyen de l'observation de l'exactitude de ce résultat[1] ».

17. — **Statistique** : La science économique a sur les autres sciences ce désavantage que l'on ne peut y procéder par voie d'expérimentation. L'homme social ne peut constituer l'*anima vilis* sur laquelle s'exerce l'expérimentateur.

Mais si l'on ne peut provoquer, à titre d'expérience, de nouveaux faits économiques, on enregistre avec grand soin les faits passés et c'est de leur comparaison et de leur étude que l'on induit les lois économiques.

Cette branche des études économiques est ce que l'on nomme la *statistique*[2].

La statistique est définie : « La science qui consiste à constater les faits sociaux et à les exprimer par des chiffres ». On l'a appelée « l'*histoire au repos*[3] ».

18. — **Monographies** : L'économie politi-

1 M. Bourguin à son cours.
2 M. Bourguin à son cours.
3 Pascal Bonnin, *Entretiens familiers sur l'économie politique et la statistique*, p. 165 et s., et p. 217.

que embrasse des phénomènes si variés, si complexes, qu'une œuvre qui envisagerait ces phénomènes à la fois dans leur détail et dans leur ensemble constituerait une immense encyclopédie. D'ailleurs il est impossible d'envelopper d'un coup d'œil un trop vaste ensemble de faits économiques. Aussi, au lieu d'étudier tous les individus en même temps, ou même un groupe trop étendu, on fait choix d'un groupe restreint, sur lequel on fait porter ses investigations; — après quoi on étudie le même groupe dans un autre pays en se posant toujours les mêmes questions dans le même ordre. Cette méthode est dite *méthode monographe*, et les travaux qu'elle produit reçoivent le nom de *monographies*. — De la comparaison des monographies, l'économiste tire ensuite des conclusions générales. On peut considérer Le Play comme l'initiateur de cette méthode. Après avoir voyagé dans toute l'Europe, étudié la condition des ouvriers dans chacun des pays parcourus par lui, il publia son livre intitulé : *Les ouvriers Européens* qui n'est qu'une collection de monographies. La méthode monographe est à la fois prudente et féconde. Nul mieux qu'elle ne met l'économiste à l'abri des conclusions *aprioristiques* qu'on a souvent reprochées à l'école classique[1].

§ 2. — HISTOIRE SOMMAIRE DES DOCTRINES ÉCONOMIQUES.

19. — **Presciences économiques dans l'antiquité et au Moyen âge** : L'Économie politique est une science tout à fait récente. Cer-

1 Rambaud, p. 314. — Gide, p. 16.

tains phénomènes économiques n'avaient pu échapper à l'attention des écrivains anciens et l'on trouve dans plusieurs de leurs œuvres ce que l'on a pu appeler des *presciences économiques;* mais aucun philosophe de l'antiquité ne s'est préoccupé de la coordination de ces phénomènes.

Les *presciences* dont nous parlons sont éparses dans la République de Platon, dans la politique d'Aristote, dans les œuvres de Xénophon. Le mot d'*Économie politique* est inconnu des anciens, car les « *Économiques* » de Xénophon n'ont trait qu'à l'économie domestique[1].

20. — Le Moyen âge n'a connu lui aussi que des presciences économiques. — C'est dans l'œuvre de saint Thomas d'Aquin que ces aperçus se rencontrent le plus fréquemment. (Nous en trouverons cependant dans Nicolas Oresme, dans Albert le Grand, et même dans Théodoret, évêque de Tyr au IVe siècle).

21. — Il faut bien reconnaître que certaines théories antiéconomiques de l'époque : — la prohibition du prêt à intérêt sous le nom d'usure, la théorie du juste prix, — rendaient difficile la formation d'une science dans laquelle la productivité du capital, l'élasticité de la valeur jouent un si grand rôle[2].

22. — **Formation de la science économique :** La création de la nouvelle science fut provoquée par la découverte de l'Amérique et la

1 Gide, *Principes*, p. 11 et s. — M. Souchon à son cours de 1899-1900. — Rambaud, *Histoire des doctrines économiques*, p. 9 et s.
2 M. Souchon à son cours de 1899-1900. — Rambaud, *Histoire des doctrines économiques*, p. 17 et s.

formation des grands États européens. Un fait considérable a attiré l'attention de tous les peuples : la conquête des trésors du Nouveau Monde par les Espagnols qui se croient et que l'on croit pendant quelque temps dotés d'une richesse bien supérieure à celle de toutes les autres nations européennes. L'Italien Antonio Serra écrit en 1613 un livre « *sur les moyens de faire abonder l'or et l'argent dans les royaumes où il n'y a point de mines*[1] ».

23. — A cette époque, Antoine de Montchrétien n'avait pas encore publié son *Traité d'économie politique*, qui ne parut que deux ans plus tard[2].

24. — **Mercantilisme** : La doctrine de ces premiers économistes a reçu le nom de *mercantilisme* ou *système mercantile*.

Le système mercantile considère la richesse comme uniquement constituée par la possession des métaux précieux, ne poursuit d'autre but que cette possession, et croit trouver le moyen de l'obtenir dans la vente à l'étranger des produits manufacturés. Aussi s'efforce-t-elle de développer le commerce extérieur par un système compliqué et vexatoire de règlements[3].

La politique commerciale des princes consistera jusqu'au XVIIe siècle à favoriser l'exportation par des primes et à décourager l'importation par des droits très élevés ou la prohibition pure et simple[4].

25. — **Colbertisme** : Les idées mercantiles dominent encore au moment où Colbert met en pra-

1 Gide, *Principes*, p. 12. — Rambaud, *Hist. des doct. écon.*, p. 57.
2 Gide, *loc. cit.* — Rambaud, *Histoire des doctrines économiques*, p. 58.
3 Gide, *loc. cit.* — Rambaud, *op. cit.*, p. 62.
4 M. Bourguin à son cours.

tique le système douanier auquel son nom est resté attaché.

26. — Colbert formulait lui-même son système en trois points : 1° repousser par des droits protecteurs l'importation des produits fabriqués ; — 2° favoriser par une réduction des droits l'importation des matières premières ; — 3° favoriser d'autre part l'exportation des produits fabriqués nationaux par une réduction des droits de sortie, et même, au besoin par des primes à l'exportation[1].

A bien considérer les choses, on constate qu'une nouvelle préoccupation s'est fait jour dans l'esprit des gouvernants : satisfaire aux intérêts du pays (quelques économistes disent « aux intérêts du prince » et affirment, à tort selon nous, que l'intérêt des sujets n'entre pour rien dans cette préoccupation) par la prospérité générale, commerciale et industrielle[2].

Cette tendance nouvelle a reçu des modernes le nom de *néo-mercantilisme*.

27. — **Les physiocrates** : Au XVIIIe siècle une réaction se produit contre les doctrines mercantiles, et la première école économique est fondée par Quesnay, médecin de Mme de Pompadour. C'est l'école des *physiocrates* qui compta parmi ses adeptes les plus illustres, Dupont de Nemours, Mercier de la Rivière, Mirabeau père, Vincent de Gournay, Turgot[3]. ...

28. — L'école des physiocrates est dominée par

1 Rambaud, *op. cit.*, p. 64. — M. Souchon à son cours de 1899-1900.
2 Conf. M. Bourguin à son cours.
3 Rambaud, *op. cit.*, p. 83 et s. — Gide, p. 12 et s. — Beauregard, *Elém.*, p. 15 et 16.

l'idée erronée de la prééminence de l'agriculture qu'elle considère comme donnant seule un *produit net* sur l'industrie et le commerce[1].

29. — Les physiocrates professent la théorie du « laissez faire, laissez passer » qui sera l'article fondamental du *Credo* de l'école libérale[2].

30. — Turgot a prouvé son attachement à cette doctrine moins par ses écrits que par les grands actes de son ministère : l'abolition des douanes intérieures et la tentative d'abolition des corporations (édit de 1776).

31. — **Adam Smith :** Cette même année paraissait l'œuvre capitale d'Adam Smith, le célèbre professeur écossais qui a reçu le surnom de *père de l'économie politique :* « Recherches sur la nature et les causes de la richesse des nations ».

Nous pouvons citer parmi ses théories célèbres : 1° sa démonstration de la productivité du travail industriel ; — 2° sa théorie de la division du travail ; — 3° sa théorie sur l'accroissement de la richesse d'un pays par l'émission d'une monnaie de papier.

Adam Smith se rattache aux physiocrates en ce qu'il admet comme eux un ordre naturel des phénomènes économiques, mais il s'en sépare en ce point qu'au lieu de considérer que la terre est la source unique de la richesse, Smith enseigne que toute richesse vient du travail[3].

32. — Les disciples célèbres de Smith ont été,

1 Beauregard, p. 16. — Gide, p. 13. — Rambaud, p. 93.

2 Quesnay, *Maximes générales du gouvernement économique d'un royaume agricole*, 25e maxime. — Vincent de Gournay, *Préface de la traduction de Josiah Child*.

3 M. Bourguin à son cours.

en Angleterre, Ricardo, Malthus, Stuart Mill; en France, J.-B. Say, Dunoyer, Bastiat.

§ 3. — LES ÉCOLES ÉCONOMIQUES CONTEMPORAINES.

33. — **Unité primitive de la doctrine économique :** La science économique présenta tout d'abord l'aspect de l'unité. C'était une sorte de religion dans laquelle Adam Smith jouait le rôle de prophète. — Sans doute, elle avait en face d'elle une longue pratique contraire à ses théories fondamentales, mais cette pratique n'avait pas été érigée en doctrine. Les économistes prenaient pour point de départ de la science économique l'avènement d'Adam Smith.

Après une cinquantaine d'années de domination incontestée du *Smithianisme*, on vit surgir des doctrines dissidentes, et l'école de Smith eut à lutter contre des adversaires dont les uns s'inspiraient des souvenirs du mercantilisme qu'ils prétendaient ne pas devoir être condamné en bloc mais simplement rajeuni, et les autres attaquaient les fondements les plus anciens, les assises immémoriales de l'organisation sociale.

34. — Les écoles antagonistes du Smithianisme peuvent donc se diviser en deux groupes :

1° Les écoles *interventionnistes* qui appellent ou admettent l'intervention de l'État mais sans attaquer la propriété individuelle (étatisme à forme biologique, solidarisme, socialisme d'état, économie nationale) ;

2° Les écoles qui tendent à la suppression de la propriété, c'est-à-dire les diverses écoles socialistes (communistes, collectivistes, socialistes agraires)[1].

A

35. — **Ecole libérale :** La plus ancienne des écoles économiques — elle est aussi ancienne que la science économique elle-même, — est l'école *libérale* ou *individualiste* que l'on appelle aussi un peu ironiquement, l'école *classique*, l'école *orthodoxe*.

La doctrine du « laissez faire, laissez passer » avait été déjà le principe formulé par les physiocrates. Elle est en plein épanouissement dans les œuvres d'Adam Smith, Stuart Mill, J.-B. Say, Dunoyer, dans les *harmonies économiques* de Bastiat, dans les travaux récents de M. de Molinari[2].

36. — L'école classique ou libérale admet des lois naturelles inéluctables. Ces lois naturelles d'après Bastiat, d'après M. de Molinari, gouvernent la production et la distribution de la richesse de la manière la plus conforme au bien général de l'espèce humaine[3]. — Il y a dans l'école libérale une tendance à l'optimisme; — tendance qui n'existe pas toutefois chez tous ses adhérents : Ricardo et Malthus, par exemple, sont pessimistes.

37. — *Principe édonistique :* Le principe fondamental sur lequel repose la doctrine de l'école est ce qu'on a appelé depuis le *principe édonistique* (de ἡδονη, utilité, agrément). — Il se formule ainsi : « L'homme cherche en toute occasion à se

1 M. Deschamps à son cours.

2 Gide, p. 25.

3 Bastiat, *Harmonies économiques*, chap. 1 : *organisation naturelle, organisation artificielle.* — Beauregard, p. 11 et 12.

procurer le maximum de satisfaction avec le minimum de peine ». L'expression « principe édonistique » appartient, à proprement parler, à l'école autrichienne. Les anciens économistes libéraux emploient, pour formuler la même idée, la dénomination de « loi du moindre effort[1] ».

38. — **Ecole autrichienne** : Ainsi nommée à cause de la nationalité de ses représentants les plus éminents (M. Menger, M. de Böhm Bawerk, l'ancien ministre des finances d'Autriche). On l'appelle aussi « école psychologique ».

Cette école qui est caractérisée par la profondeur de son analyse et la rigueur de ses déductions est considérée à bon droit comme un « rajeunissement de l'individualisme ».

39. — Elle ramène toutes ses doctrines au principe édonistique et n'est en somme que l'école déductive poussée à ses plus extrêmes conséquences[2].

Nous la retrouverons quand nous traiterons de la valeur, de l'utilité finale, etc...

40. — **Ecole mathématique** : inaugurée par Cournot en France, mise en honneur par Stanley Jevons, Walras, Pantaléoni... Elle considère l'homme comme mû par certains désirs qu'elle assimile à des forces mécaniques.

Si un Arabe donne 1.500 francs pour avoir un cheval, et 1.000 francs pour une femme, c'est qu'il désire le cheval une fois et demie autant que la femme[3] !

1 Gide, p. 22.

2 Gide, p. 22. — Rambaud, *Histoire des doctrines économiques*, p. 302-311. — M. de Böhm Bawerk a fait partie du cabinet Gautsch. Il était, au moment où il publia ses théories, professeur à l'Université d'Insprück.

3 Rambaud, *Histoire des doctrines économiques*, 277-287. — Gide, p. 22.

B

41. — **Ecole historique** *ou, plus exactement,* **écoles historiques :** Les écoles nouvelles, même les plus divergentes au point de vue des tendances, ont un point commun : leur méthode. C'est ce qui fait qu'on les groupe souvent sous l'appellation commune d'*école historique*.

En réalité, il n'y a pas une *école historique;* il y a plusieurs écoles économiques qui procèdent par la méthode dite historique, — et c'est simplement pour ne pas embarrasser nos explications que nous nous servirons, — à l'exemple des maîtres les plus autorisés, — de l'expression synthétique « l'école historique[1] ».

Peut-être pourrait-on dire que l'école historique, née en Allemagne dans le courant du XIXe siècle, s'est divisée en plusieurs branches, et que, d'autre part, ses procédés ont été adoptés en tout ou en partie, par des écoles qui s'écartaient sensiblement de ses tendances.

42. — *Principe scientifique de l'historisme.* — Pour l'école historique, il n'y a pas de lois préexistantes et inéluctables : les lois économiques n'ont pas un caractère constant et absolu ; il n'y a pas un *ordre naturel et essentiel des sociétés.* « Chaque institution a eu sa raison d'être à son heure, même l'esclavage, même le servage; ce qui est aujourd'hui ne sera pas demain ». Ces institutions qui ont fait leur temps sont ce que l'école appelle des « catégories historiques ». — Ainsi la propriété individuelle est une « catégorie historique ».

1 Conf. Gide, p. 16, 17.

Les historistes ne vont pas tous aussi loin; et les économistes qui se réclament de l'historisme — M. Cauwès et Karl Marx, par exemple, sont souvent séparés par de vrais abîmes. — Le point commun de leurs doctrines, c'est qu'il n'y a plus à chercher des lois générales régissant l'homme abstrait, l'*homo œconomicus*, le type inventé par l'école classique, mais qu'il faut tenir compte des temps et des milieux, qu'il faut rechercher dans l'histoire des lois régissant les hommes vivant *dans une société déterminée à une époque déterminée*[1].

43. — En Allemagne, l'école historique est aussi appelée école réaliste, ou plutôt deux écoles différentes par leur origine et par la direction de leur activité ont fini par se confondre. L'école réaliste qui procède par la réunion des faits susceptibles de contenir des enseignements remonte au XVIIIe siècle et sa méthode vient des *caméralistes*, membres des chambres d'administration dont s'entouraient les princes allemands, dont les études avaient pour but la gestion profitable du domaine de ces princes. A cet effet, les caméralistes étudiaient non seulement l'Allemagne, mais les pays voisins. Discréditées à l'apparition de l'école individualiste, ces études des faits économiques ont repris aujourd'hui faveur[2]. L'école réaliste étudie des faits *actuels*, l'école historique des faits *passés*. On comprend que les membres de chacune de ces écoles ne puissent pas se cantonner les uns dans l'étude

1 Gide, p. 16, 17.

2 M. Cauwès, Cours de 1903-1904. — Le même, Cours de 1901-1903 : « L'école réaliste recherche les éléments de la science économique dans le présent comme dans le passé... Pour bien connaître l'homme social à un moment donné, il faut connaître à fond tout ce qui entoure la société, le milieu dans lequel évolue l'homme social... Il faut faire la géographie, la topographie, la géologie du pays qu'habite tel groupe.... »

du présent, les autres dans l'étude du passé.

44. — (L'école réaliste française, d'origine très différente, a pris naissance avec Le Play). V. *infrà*, n° 46.

44 *bis*. — **L'école historique considérée au point de vue de la méthode** : L'école historique procède non par la méthode *déductive*, mais par la méthode *inductive* (V. *suprà*, n. 14 et 15).

45. — On reproche à l'école historique de ne pas conclure; reproche peu fondé : elle attend les événements sur lesquels elle basera ses conclusions variables [1]. En réalité les premiers historistes Knies, Hildebrand ont fait plutôt de l'histoire économique que de la science économique.

a. — Écoles dissidentes respectueuses de l'ordre social établi.

46. — **Ecole de Le Play** : Cette école procède par la méthode historique ou réaliste. M. Gide constate que cette méthode a été, en réalité, inaugurée en France par la publication du livre de Le Play : *Les ouvriers Européens* (1855).

47. — « La méthode de Le Play est aussi purement inductive qu'il est possible. Jamais il ne descend d'un principe: toujours au contraire il y remonte. Rien de moins *aprioristique* que ses formules ou ses définitions [2] ».

48. — Quant à la famille, Le Play reconnaît: 1° la famille patriarcale; 2° la famille instable (c'est celle que nous ont faite, en général, l'ordre

1 Gide, *ibid*.

2 Gide, p. 16. — Mais il est bon de faire remarquer que, sur le terrain des croyances, Le Play est un traditionaliste. — Ce qui différencie profondément son école (école de la Réforme sociale) des autres écoles historistes qui procèdent de l'hégélianisme.

social actuel et particulièrement notre régime des successions); 3° la famille souche qui tient le milieu entre les deux, et qui est le type auquel l'éminent économiste voudrait nous ramener par la liberté de tester et la conservation aux mains d'un représentant désigné par le père de famille du patrimoine laissé par celui-ci à son décès[1].

49. — La famille est la véritable unité sociale: c'est d'elle que Le Play veut procéder bien plus que de l'individu.

D'après Le Play, tous les phénomènes qui troublent ou maintiennent l'ordre des sociétés ont leur origine dans l'application ou l'oubli d'un petit nombre de principes simples (religion, propriété, famille, travail) dont le Décalogue est le sublime résumé.

L'école de Le Play professe une hostilité avouée à l'égard de ce qu'elle appelle les « *faux dogmes de la Révolution française*[2] ».

50. — Elle fait du *milieu* le point de départ de toute science sociale : « La steppe, le rivage maritime, la forêt ». De là trois sortes de sociétés simples (peuples pasteurs, pêcheurs, chasseurs) dont l'école fait dériver par un rapport de filiation toutes les sociétés complexes[3].

51. — **L'Ecole catholique :** Celle-ci croit à des lois *providentielles* qui ressemblent bien aux lois *naturelles* de l'école classique, mais considère le monde comme vicié par la chute du premier homme.

1 Rambaud, *Hist. des doctrines écon.*, p. 317-319.
2 Gide, *ibid.*
3 *Ibid.*

Serait favorable au rétablissement (sur de nouvelles bases) de certaines institutions du passé, — comme les corporations.

52. — **Ecole sociologique biologique :** Fait de l'économie politique une annexe de l'histoire naturelle et de la biologie en assimilant plus ou moins les sociétés humaines à des êtres vivants (représentants principaux : Lilienfeld, Worms, Schœffle ...).

Les conceptions organicistes, inspirées d'Herbert Spencer, ont fait des théories de ce qui n'était, sous la plume d'Herbert Spencer, que de simples images.

Le corps social devient un être dont l'État est le cerveau, les chemins de fer les veines, et les fils télégraphiques les nerfs.

M. Izoulet, dans la *Cité moderne*, découvrira l'*hyperzoaire* (l'État), les *métazoaires* (les individus), les *protozoaires* (les cellules de notre organisme)[1].

53. — **Ecole coopérative :** L'école coopérative est présentée par M. Gide comme une « conception protestante » sans doute parce qu'elle compte parmi ses apôtres M. Maurice, M. le pasteur Kingsley. M. Gide s'oublie modestement bien qu'il passe pour le chef de cette école.

« Les entreprises, dit M. Gide, où l'on met en

1 M. Deschamps, *Cours de doctorat de 1900-1901.* — Rambaud, *Hist. des doctrines économiques*, p. 362-363. — « On ne nous apprend rien quand on dit de la vie ou de la société des hommes qu'elles sont des *organismes ;* on n'énonce rien de précis ou de solide ; mais on se paie d'un mot, et ce mot qui n'exprime en physiologie même que l'étendue de notre ignorance, n'exprime, en morale ou en sociologie, que le besoin d'ailleurs très humain de parler pour ne rien dire ». Brunetière, *Discours de combat, Nouvelle série*, p. 76.

pratique la participation aux bénéfices et mieux encore, toutes les formes d'association coopérative, bien qu'elles n'occupent encore les unes et les autres qu'une place microscopique, doivent être considérées comme la phase supérieure vers laquelle nous pousse l'évolution sociale. »

(Cette opinion est loin de rallier le suffrage de tous les professeurs d'économie politique : il en est un certain nombre qui considèrent la coopération comme un système condamné par l'expérience et n'ayant aucun avenir. — Les socialistes d'État sont en général peu favorables à la coopération, dans laquelle ils voient, sans le dire nettement, une concurrence à l'État. Il faut bien affirmer l'impuissance des groupements individuels pour soutenir la nécessité de l'intervention de l'État).

54. — **Solidarisme :** Cette école (l'école coopérative), très récente, fonde sa doctrine sur le *solidarisme*. « La coopération (solidarité, union, amour) est destinée à se substituer de plus en plus à la concurrence (lutte, égoïsme, individualisme).

55. — L'école coopérative ou solidariste se sépare de l'école libérale en ce qu'elle répudie le principe de la concurrence et de la *lutte pour la vie* pour lui substituer celui de la coopération, de l'*union pour la vie*[1] ; — et de l'école révolutionnaire en ce qu'elle ne croit pas à l'efficacité de la révolution et de l'expropriation pour transformer l'homme ni même le milieu social.

Cela ne l'empêche pas de vouloir transformer la propriété, abolir le salariat, supprimer les para-

1 Gide, p. 41-42.

sites, — mais tout cela par la voie de l'association libre.

56. — **Socialisme d'Etat** : Le socialisme d'État n'a rien de commun avec les écoles socialistes vis-à-vis desquelles il essaie de jouer le rôle que la médecine attribue aux « dérivatifs ». Parmi les réclamations que formulent les socialistes il y en a de légitimes. C'est à l'État de prendre les mesures nécessaires pour y donner satisfaction sans attendre que les intéressés fassent valoir leurs prétentions par des procédés agressifs et peut-être extralégaux[1]. Telle est la pensée inspiratrice de l'école qui se réclame du nom de « Socialisme d'État ». — Cette école est interventionniste par définition (V. *infrà*, n. 62 et s.).

57. — **Economie nationale** : Cette école qui reconnaît pour ses fondateurs l'Allemand List et l'Américain Carey a pour représentant très autorisé en France M. Cauwès.

Cette école reproche à l'individualisme d'avoir pris pour base « l'ordre social universel spontanément agissant », de n'avoir envisagé que les intérêts de l'individu et ceux de l'humanité, de ne s'être pas préoccupé du caractère d'unité économique de la nation.

58. — L'économie nationale a pour objectif la prospérité non pas de la *République universelle* des physiocrates ou de la *République marchande* d'Adam Smith, mais la prospérité de la nation et, à cet effet, elle charge expressément l'État « de représenter les intérêts perpétuels et de les sauve-

1 Gide, p. 34 et s. — Rambaud, *Hist. des doctrines économiques*, p. 347-354.

garder contre l'imprévoyance des intérêts présents[1] ».

59. — Elle s'occupe beaucoup moins du développement des valeurs d'échange que du développement de la puissance productive, des moyens de production du pays, et tous ses efforts tendent à faire de la nation ce que List appelle une *nation normale*, c'est-à-dire une nation en état de se suffire à elle-même sans recourir à l'étranger.

60. — L'économie nationale tend à devenir une variante du socialisme d'État, mais avec une sphère d'application différente. L'économie nationale est une réaction contre le mouvement de liberté, ou, si l'on veut, contre la doctrine de l'abstention de l'État dans l'économie externe, — le socialisme d'État est une réaction contre ce même mouvement dans l'économie interne.

On peut d'ailleurs facilement, comme le fait remarquer M. Deschamps, faire du socialisme d'État sous le couvert de l'économie nationale, mais les deux systèmes ne sont point liés et c'est au système propre de List qu'il conviendrait de réserver le nom d' « Économie nationale[2] »

β. — *Écoles socialistes* (Renvoi).

61. — Le second groupe d'écoles dissidentes comprend les diverses écoles socialistes (communiste, collectiviste, socialiste agraire). Nous renvoyons nos lecteurs à l'étude spéciale qui sera consacrée plus loin aux théories de ces écoles[3], nous

1 Paul Leroy-Beaulieu.
2 M. Deschamps, cours de doctorat de 1901-1902. — Conf. Rambaud, *op. cit.*, p. 352-353.
3 V. *infrà*, dernière partie.

bornant à faire remarquer dès à présent que les doctrines socialistes tendent toutes à l'abolition totale ou partielle de la propriété individuelle.

C

62. — **Politique économique des diverses écoles :** C'est sur le terrain des fonctions de l'Etat que l'école libérale et les écoles dites *interventionnistes* se heurtent avec le plus de violence.

On a imaginé pour caractériser leurs tendances différentes deux expressions pittoresques : la théorie de l'*Etat gendarme*, et la théorie de l'*État providence*.

63. — L'école libérale réduit le rôle du législateur au minimum et rejette l'intervention de l'État. — Peut-être cependant a-t-on exagéré l'hostilité de l'économie orthodoxe à l'intervention étatique. — Le système de la « moindre action de l'État » n'est pas celui d'Adam Smith qui loue ou tout au moins admet les « actes de navigation » de Cromwell et de Charles II[1]. — Ce système peut être en germe dans l'œuvre d'Adam Smith, mais il n'a été développé que postérieurement par Bentham, Huskisson et enfin Richard Cobden et Bastiat.

64. — Les écoles nouvelles qui procèdent de l'historisme sont presque universellement interventionnistes.

Il faut faire une exception en faveur de l'école coopérative, qui attend l'amélioration de l'état social de l'association libre et dont ce n'est pas le moindre attrait.

L'historisme est issu de l'hégelianisme, et l'on

1 Rambaud, *Histoire des doctrines économiques*, p. 145-146.

sait qu'Hegel exclut l'absolu... « Tout devient et tout se fait, même Dieu »; — qu'il n'admet ni lois naturelles ni lois providentielles. Or à une société que ne régissent ni lois naturelles ni lois providentielles il faut un moteur, et ce moteur, à défaut de tout autre, ne peut être que l'État. Partout, les lois positives restent seules maîtresses du terrain social : il n'y a plus d'autres règles qu'elles[1].

Cela explique l'attachement aux doctrines interventionnistes de la plupart des écoles nouvelles.

Il est important de retenir que, pourtant, l'école catholique n'est pas hostile à l'intervention de l'État qu'elle considère comme le « Ministre de Dieu pour le bien[2] ».

65. — L'Économie nationale essaie d'échapper au reproche d'interventionnisme en proclamant la liberté la plus complète comme un élément nécessaire de la prospérité nationale, — mais seulement dans ce que cette liberté n'a pas d'incompatible avec le bien de la nation[3]. Mais où commencent les nécessités imposées par le bien de l'État?

66. — Les doctrines libérales, longtemps en faveur, perdent du terrain : toute la législation ouvrière de ces derniers temps est la consécration des doctrines interventionnistes. A cette législation assurément plus empreinte de sentiments humanitaires on a donné, en Angleterre, le surnom original d' « économie politique attendrie » ou de « législation de grand'maman[4] ».

1 Conf. Rambaud, *Histoire des doctrines économiques*, p. 327-333.

2 Citation d'une épître de saint Paul dans une encyclique de S. S. Léon XIII.

3 Raymond, *Thoughts on political economy*, l. 5, ch. 2.

4 M. Deschamps, Cours de doctorat de 1903-1904.

Aux économistes libéraux qui suspectent les bienfaits de l'intervention de l'État, et qui tiennent l'ingérence de l'État en matière économique pour une violation de la liberté, les interventionnistes répondent que l'État n'intervient que pour mieux assurer la liberté des individus. « Il n'y a pas, disent-ils, de liberté pour les faibles dans un régime de libre contrat. Protéger les faibles contre l'écrasement, c'est vraiment restaurer leur liberté, c'est faire du véritable individualisme en empêchant l'individu d'être opprimé[1] ».

§ 4. — DIVISION DE L'ÉCONOMIE POLITIQUE.

67. Les faits économiques se rattachent tous à quatre idées principales : 1° la production de la richesse; — 2° la circulation de la richesse; — 3° la répartition de la richesse; — 4° la consommation de la richesse.

Cette division quadripartite de l'économie politique est de J.-B. Say; elle n'apparaît d'ailleurs que dans son *Cours complet* d'économie politique publié en 1828-1829. — Dans le *Traité d'économie politique* publié par le même auteur en 1803 (et refondu en 1814), il n'y a qu'une division tripartite : production, distribution (ou répartition), consommation. La circulation n'est pas détachée.

M. Gide s'en tient à la division tripartite de la première œuvre de J.-B. Say. Pour lui, la circulation de la richesse n'est qu'un aspect de la division du travail et par conséquent se rattache à la production.

Tout en reconnaissant le bien fondé de cette

1 M. Bourguin à son cours.

observation, nous conserverons la division quadripartite au seul titre d'élément d'ordre dans l'étude de notre matière[1].

68. — L'économie politique étudie d'abord la *production*, c'est-à-dire les moyens à employer dans le but de pourvoir le plus abondamment possible aux besoins des hommes ; — puis la circulation, c'est-à-dire la manière dont la richesse une fois créée se transmet d'un homme à un autre ; — puis la répartition, ou les conditions dans lesquelles cette richesse se distribue entre les individus.

A cette matière de la répartition se rattachent les questions de savoir si, parmi les hommes, il n'en est pas qui sont plus ou moins complètement privés de leur part des ressources créées par la production, — si la distribution de la richesse est bien conforme aux règles de la justice.

69. — L'économie politique enfin, qui suit la richesse depuis sa création jusqu'à son anéantissement, étudie, en dernier lieu, cet anéantissement qu'elle appelle la *consommation*.

69 *bis*. — Tel est l'ordre traditionnel : les professeurs contemporains ne se piquent pas de l'observer : et il faut reconnaître que certains rapprochements nécessaires ne permettent guère de laisser isolée dans le compartiment qui lui a été assigné une partie quelconque de la science économique.

Usant de la liberté dont l'école nous donne l'exemple, nous traiterons : 1° de la production ; 2° de la consommation ; 3° de la circulation ; 4° de la répartition.

1 Conf. Beauregard, p. 8, 9, 10 ; Gide, p. 4, 5.

TITRE I

LA PRODUCTION.

CHAPITRE PREMIER

LA NOTION DE LA PRODUCTION.

70. — La première préoccupation de l'économiste, c'est la production de la richesse. L'abondance de la production est la condition *sine qua non* de la paix sociale. « C'est quand il y a peu de foin au râtelier que les chevaux se battent », dit un vieux proverbe.

La matière étudiée par la *science* économique, le but poursuivi par l'*art* économique étant la satisfaction des besoins de l'homme, ce qu'il y a lieu de rechercher avant tout, c'est le moyen d'augmenter les ressources nécessaires à la satisfaction de ces besoins; ce qu'il faut étudier d'abord, c'est la *production*.

71. — La plupart du temps, — toujours peut-

être, — ce que nous appelons « la production » n'est en réalité qu'une transformation, car l'homme est impuissant à rien créer. — *Produire*, d'après J.-B. Say, c'est donner de l'utilité à une chose, *consommer* c'est lui en ôter[1]. Cette constatation n'avait point échappé aux physiocrates. C'est pourquoi ils considéraient l'agriculture comme la seule industrie *productive* ou plutôt *productrice*, comme nous dirions aujourd'hui.

Le morceau de minerai que l'on extrait manque dans la mine; quand le pêcheur d'Islande ou de Terre-Neuve prend une morue, il y a une morue de moins dans l'Océan. Mais quand le laboureur confie un grain de blé à la terre, la terre lui rend vingt-cinq ou trente grains de blé; la jument qui met au monde un poulain existe après comme avant, si elle ne meurt pas de quelque accident de gésine. Il y a donc, dans l'industrie agricole, production proprement dite et non transformation. Et, si de leur observation fondamentale les physiocrates ont tiré des conclusions erronées, on ne peut contester l'exactitude absolue de cette observation[2].

1 J. B. Say, *Cours complet d'écon. pol.*, 1re partie, 2e division, chap. 4.
2 M. Deschamps, Cours de 1903-1904.

CHAPITRE II

LES FACTEURS DE LA PRODUCTION.

72. — Les facteurs de la production sont : la *terre* (ou plus exactement la *nature*), le capital et le travail.

73. — Nous nous servons du mot *facteurs* (on dit aussi *agents*), mais, en réalité, le travail seul peut prétendre au titre d'*agent* puisque la terre et le capital sont des éléments *passifs* de la production. De là les théories qui veulent voir dans le travail le seul facteur de la production, feignant de méconnaître cette vérité cependant évidente que sans la *nature* et le *capital*, le travail serait absolument impuissant à rien produire.

A. — LA NATURE.

74. — **La nature** : La nature fournit à la production le milieu, le terrain, les matières premières et les agents naturels (forces motrices : vent, chutes d'eau, vapeur, électricité).

75. — **Le milieu** : Une partie de l'école de Le Play voit dans la question du *milieu* le point de départ de toute la science sociale. Sans aller

aussi loin, on peut dire que le milieu a, au regard de la production, une importance décisive.

76. — Le milieu fournit aux hommes le climat auquel Montesquieu attribuait un rôle considérable même au point de vue des institutions et qui n'est pas indifférent en ce qui concerne les besoins ou le travail.

Ce n'est pas toujours dans les pays les plus favorisés de la nature que la production est le plus développée. La nature est généreuse sous l'Équateur jusqu'à la prodigalité; mais l'amollissement des individus, leur inaptitude au travail et même le nombre plus restreint de leurs besoins fait que les régions équatoriales sont loin d'être aussi productives que le Nord de l'Europe.

77. — Le milieu fournit encore aux hommes la configuration géographique. Quels services n'a pas rendus à l'Angleterre sa « ceinture d'argent » ! — Les chutes d'eau de la Suisse qui lui fournissent la force motrice à bon marché ont puissamment contribué à son développement économique[1].

78. — Le milieu fournit encore la *constitution géologique* du sol et du sous-sol. L'Angleterre a ses « Indes noires », la Chine ses gisements de kaolin.

79. — **Le terrain :** Le second élément de la contribution de la nature à la production est l'*emplacement* ou le *terrain*.

On peut se demander si un jour ne viendra pas où le globe ne pourra plus fournir aux hommes

1 Les forces motrices hydrauliques ont reçu le surnom pittoresque de « houille blanche ».

l'emplacement nécessaire à la production de leur nourriture? Cet avenir est encore éloigné et qui sait si, d'ici là, on ne trouvera pas le moyen d'emprunter l'azote de l'air pour alimenter l'humanité?

80. — **Les matières premières** : Les *matières premières* sont les matériaux bruts qui composent l'écorce terrestre et les substances organisées provenant des êtres vivants, animaux ou végétaux, qui peuplent sa surface.

On oppose le mot *matières premières* au mot *produits fabriqués.* A proprement parler, les matières premières sont les produits employés par une industrie qui les transforme[1].

81. — **Les agents naturels** : Les agents naturels sont les forces de la nature utilisées par l'homme : vent, vapeur, électricité, force musculaire ou instinct des animaux.

La nature d'ailleurs ne nous donne rien gratuitement : « les Dieux, dit Xénophon, nous vendent tous les biens au prix de notre travail ».

Et l'on dit quelquefois que, dans la production, le rôle joué par la nature est en raison inverse du rôle joué par le travail et réciproquement. Il est bien entendu qu'il ne faut pas attribuer à cet aphorisme une valeur mathématique[2].

B. — Le travail.

82. — **Définition** : Le travail est l'*effort de l'homme pour créer la richesse.* C'est un élément

1 Pascal Bonnin, *Entretiens familiers*, p. 225.
2 Gide, p. 110.

essentiel de la production. Le fruit même qui tombe de l'arbre appelle l'effort de l'homme qui se baisse pour le ramasser.

Le mot « produire » (*producere*, tirer de ...), implique l'existence de cet effort[1].

83. — **De quelle façon le travail produit :** Il faut distinguer le travail *manuel* et le travail *intellectuel* : tout travail manuel doit être précédé par un travail intellectuel qui s'appelle l'*invention*.

Quant au travail manuel, il consiste toujours, comme le fait observer M. Gide, dans le déplacement d'une chose ou de ses molécules[2].

84. — Les idées ont beaucoup varié en ce qui concerne la productivité du travail : nous avons vu que les physiocrates considéraient le travail agricole comme seul productif; ils excluaient du travail productif l'industrie manufacturière sous prétexte qu'elle *transforme* et ne *crée* pas. Mais, à bien réfléchir, le travail agricole lui-même ne fait que transformer des éléments empruntés au sol et à l'atmosphère[3].

85. — On a accepté sans difficulté les idées d'Adam Smith rendant au travail industriel le caractère productif qui lui appartient.

En revanche, les économistes ont beaucoup hésité en ce qui concerne : 1° l'industrie des transports; 2° l'industrie commerciale; 3° les professions libérales.

86. — **Transports :** L'industrie des trans-

1 Gide, p. 110-115.
2 *Ibid.*, p. 118.
3 *Ibid.*

ports produit-elle une richesse? Le fait du transport, a-t-on dit, n'imprime aucune modification à l'objet. Le colis est le même lorsqu'il arrive que lorsqu'il part. — La question est mal posée : au lieu de se demander si le transport crée une richesse, il vaudrait mieux se demander s'il crée une *plus-value*, c'est-à-dire une valeur additionnelle à la valeur originaire de l'objet. — Or cela est certain. Le caoutchouc, le guano n'auraient qu'une valeur insignifiante s'ils restaient au lieu d'origine ; — le transport en fait des marchandises d'un prix relativement considérable. Le voiturier a donc créé ou augmenté la valeur de l'objet ; — et, si nous ne perdons pas de vue la définition de J.-B. Say « produire c'est ajouter de l'utilité à une chose », nous n'hésiterons pas à dire que l'industrie des transports est une industrie productive[1].

87. — **Industrie commerciale :** La multiplication des intermédiaires n'ajoute rien à la richesse générale et peut même causer une déperdition de richesse. Aussi beaucoup d'économistes ont-ils refusé le caractère productif à l'industrie commerciale. Cependant M. Gide fait remarquer que le commerçant comme le transporteur rend utile une chose inutile[2].

88. — **Professions libérales :** Les produits des professions libérales sont des produits immatériels. Dunoyer et J.-B. Say, ayant embrassé sous la dénomination de richesse les produits immatériels aussi bien que les produits matériels, ne pou-

1 Beauregard, p. 50. — Gide, *loc. cit.*
2 Gide, *loc. cit.* — Beauregard, *loc. cit.*

vaient faire autrement que de considérer les professions libérales comme productives.

Même sans accepter la théorie de Dunoyer et de Say, on peut admettre que le juge, le gendarme, le soldat qui assurent la sécurité intérieure ou extérieure du travailleur, le médecin qui protège sa santé, le professeur qui l'instruit ont leur part dans son œuvre : aussi l'école française considère-t-elle en général les professions libérales comme *indirectement productives*[1].

89. — **Le travail est une peine :** Le travail est *pénible*. Le travail attrayant, — le travail passé à l'état de *sport*, — est une utopie de Fourier. Même au pays d'*Harmonie* on se représenterait difficilement l'attrait exercé par la profession d'égoutier ou par toute autre plus répugnante encore[2].

90. — Mais le caractère pénible du travail est une loi providentielle et c'est l'aiguillon, — disons mieux, — la cause déterminante du progrès. Si l'homme invente c'est pour s'éviter de la peine, pour obtenir le même produit, ou un produit meilleur, avec un moindre effort.

Le tiroir des machines à vapeur a été suggéré par le petit Humphry Potter qui aima mieux aller jouer aux billes que d'ouvrir alternativement les robinets destinés à faire arriver la vapeur au-dessus et au-dessous du piston et qui, pour parvenir à ce résultat, eut l'idée d'attacher à l'aide de ficelles les robinets au balancier de la machine[3].

1 Conf. Beauregard, p. 83.
2 L'ouvrage de Fourier a pour titre *Coutumes du pays d'Harmonie*. V. *infrà*.
3 Beauregard, p. 81.

C. — LE CAPITAL

90 *bis*. — **Le capital en nature :** Avant de nous expliquer sur ce troisième facteur de la production, nous croyons nécessaire de retenir une observation de J.-B. Say : — C'est que le capital ne consiste pas dans l'évaluation que l'on en fait. « On évalue un capital en monnaie comme on évalue tout autre objet, lorsqu'on veut se rendre compte de son importance... Lorsqu'un négociant dit qu'il a cent mille francs à mettre dans une opération, cette expression ne sert qu'à indiquer la somme totale des valeurs capitales qu'il veut y consacrer et ces valeurs capitales peuvent consister... en balles de café ou toute autre marchandise qu'il vendra à mesure que l'exigeront les avances nécessaires pour l'opération à laquelle ce capital est destiné.

Et lorsqu'ensuite on voudra se rendre compte de ce même capital mis en action, on évaluera les différentes choses en lesquelles il aura été transformé pour servir l'opération qui se poursuit et l'on dira, par exemple, si c'est une manufacture : elle a telle portion de ses capitaux en bâtiments, telle autre en matières premières ;... une autre partie en produits achevés et non vendus.[1]... *La valeur de toutes ces choses compose son capital*[1] ».

Le capital ainsi compris est le *capital en nature*. C'est de lui que nous avons à nous préoccuper.

91. — **Définitions du capital :** Le capital est « la richesse *en fonction de reproduction* (défi-

1 J.-B. Say, *Cours complet d'écon. polit.*, t. 1, p. 130 et 131.

nition traditionnelle) ». — Le capital est « l'instrument de production » (Gide).

92. — Ce sont là des définitions classiques, — orthodoxes, si l'on veut. Elles ne sauraient convevenir à l'*infâme capital* des déclamations socialistes. Aussi Karl Marx, dans son livre « *Das capital* », donne-t-il cette autre définition du capital : « Toute richesse qui sert à produire un revenu à son possesseur indépendamment du travail de ce possesseur ».

Il n'est pas étonnant que l'on se trouve en contradiction sur le sens d'une expression quand on l'emploie pour désigner des objets différents. — Un outil qui, pour les classiques, est un capital à quelqu'individu qu'il appartienne, n'est un capital pour Karl Marx que s'il appartient non à l'ouvrier qui s'en sert mais au patron de cet ouvrier.

93. — **Fonds des capitaux et fonds de consommation :** Mais si nous prenons le mot capital dans le sens où il est généralement entendu, nous dirons que le capital est la richesse *réservée* dans le but d'en produire d'autres; on l'oppose à la richesse qui se consomme immédiatement. Aussi divise-t-on la richesse en deux masses : le *fonds des capitaux*, le *fonds de consommation*[1], et l'on place les objets dans l'une ou l'autre de ces masses suivant leur destination.

Toute richesse est susceptible de devenir un capital si elle est *mise au service du travail*.

Le blé que je réserve pour les semailles entre dans le fonds des capitaux, celui que je mouds

1 Le fonds de consommation est souvent appelé le *stock*. M. Souchon, Cours de 1899-1900.

pour faire mon pain appartient au fonds de consommation. — Le charbon que j'utilise pour me chauffer n'est pas un capital; celui que j'emploie pour produire du gaz ou de la vapeur est un capital[1].

93 *bis*. — **Eléments du capital en nature :** On comprend d'ordinaire dans le capital en nature :

1° Le sol cultivé. — Le sol vierge appartient à l'élément « nature », mais non à l'élément capital.

2° Les constructions servant à l'agriculture et à l'industrie, — non les bâtiments qui servent à l'habitation.

3° Les animaux de travail ou de rapport (bœufs, moutons, etc.) — non les animaux que l'on ne possède que pour son agrément comme les petits chiens, les perroquets, etc.

4° Les outils, — les machines.

5° Les richesses encore inachevées qui doivent être transformées par l'industrie[2].

93 *ter*. — *Outillage national :* On peut classer dans le fonds des capitaux l'outillage national qui comprend lui-même :

1° La monnaie (instrument des échanges).

2° Les canaux, ports de mer, routes, chemins de fer.

94. — **Capitaux fixes et capitaux circulants :** On appelle capitaux *circulants* ceux qui ne peuvent servir qu'une fois parce qu'ils doivent disparaître dans l'acte même de production. —

1 Beauregard, p. 81-82.

2 Beauregard, p. 79.

Tels sont le blé de semaille et la houille des machines.....

Capitaux *fixes* ceux au contraire qui ne se détruisent pas dans l'acte de production, les machines par exemple. Ces capitaux fixes ne se détruisent pas par leur emploi mais ils s'*usent;* ils peuvent aussi perdre toute valeur par suite d'inventions nouvelles.

95. — **Amortissement :** En conséquence, il est prudent de réserver progressivement les ressources nécessaires pour les remplacer quand ils seront hors de service. Cette réserve est désignée sous le nom d'*amortissement* des capitaux fixes[1].

96. — **Facteurs de la formation du capital :** Les deux facteurs de la formation du capital sont l'*invention* et l'*épargne*.

97. — 1° *L'invention :* Lorsque l'homme a voulu se procurer son premier instrument de travail, hameçon fait d'une arête de poisson, hache ou couteau de silex, il a dû l'inventer. — L'idée de confier le grain à la terre pour se procurer une moisson, de tirer la flamme des veines d'un caillou, autant d'inventions géniales[2].

98. — 2° *L'épargne :* L'homme a été obligé aussi de réserver, au préjudice de ses besoins immédiats, le blé nécessaire à ses semailles. Il a *épargné* une certaine quantité de blé.

L'épargne est définie d'ordinaire l'*effort* de l'homme qui s'abstient de consommer. Karl Marx raille l'*effort* du pauvre capitaliste qui fait des économies, — et M. Gide, d'autre part, se refuse à

1 Beauregard, p. 85-86. — Gide, p. 156-1 0.
2 Beauregard, p. 95-96. — Gide, p. 114.

admettre qu'une *abstention* (fait négatif) puisse être un *agent* de formation du capital[1].

99. — C'est la vérité : aussi n'est-ce pas à proprement parler l'épargne elle-même, mais l'emploi de l'épargne, le *placement* qui est un facteur de la formation du capital.

99 *bis*. — Le placement est l'emploi de l'épargne. Il était autrefois difficile : 1° faute de sécurité, 2° faute de moyens : le prêt à intérêt étant prohibé sous le nom d'usure, il ne restait guère au capitaliste que le placement en rente constituée, l'achat de terres ou la thésaurisation.

D'ailleurs, alors que nous considérons seulement le capital en nature, le placement n'est pour nous que l'acquisition par voie d'échange de richesses qui n'ont pas été réservées par nous-mêmes, et que nous voulons nous approprier pour les consacrer à la production d'autres richesses.

100. — Cela n'empêche pas l'épargne d'être un effort indirectement fécond. Mais on ne peut la recommander à tout le monde. Celui qui épargnerait en se laissant mourir de faim serait un fou. — D'autant que l'alimentation tient une place d'autant plus considérable relativement dans un budget que ce budget est plus maigre.

101. — *Loi de Engel :* Engel a même établi une proportionnalité qui est vérifiée par les faits : on appelle cela : « la loi de Engel ». — Il n'est pas besoin d'être un statisticien pour comprendre que le mendiant qui n'a que juste ce qu'il faut pour apaiser sa faim, emploiera à l'alimentation cent pour cent de ses ressources et couchera à la belle

1 Gide, p. 166-167.

étoile, — tandis que M. de Rothschild, le personnage le plus souvent cité par les économistes après Robinson Crusoé, éclaterait comme un mousquet trop chargé, s'il essayait d'engloutir dans son estomac la millième partie de son revenu.

102. — *Thésaurisation :* Il ne faut pas confondre la thésaurisation qui consiste à enfouir dans quelque cachette, tirelire ou bas de laine, des pièces de monnaie ainsi retirées de la circulation avec l'épargne, consommation différée et mise de la chose épargnée au service de la production.

On a beaucoup déclamé contre la thésaurisation. « La thésaurisation, dit M. Cauwès, stérilise les capitaux en les immobilisant ». — Les capitaux? demande M. Gide. — Nullement, mais seulement des pièces d'or et d'argent que l'avare retire momentanément de la circulation. Le mal n'est pas grand : le seul effet que pourrait avoir cette disparition de numéraire, en admettant qu'elle se produisît sur une grande échelle, serait une baisse provisoire dans les prix, c'est-à-dire, somme toute, un avantage pour le consommateur.

D'ailleurs la thésaurisation n'a qu'un temps et tout le monde connaît le proverbe « A père avare fils prodigue ».

Si la thésaurisation ne fait aucun mal, on peut lui reprocher de ne faire aucun bien. — Le capital enfoui ne sert à personne pas même à son propriétaire. Le capital placé rend service à celui qui le prête, à celui qui l'emprunte, et à la Société en général puisqu'il est consacré à l'augmentation de la production[1].

1 Cauwès, t. 1, p. 674, note 1. — Gide, p. 607, note 2.

D. — LE COÛT DE PRODUCTION, SES RAPPORTS AVEC LE PRODUIT.

103. — Le coût de production, d'une manière générale, se définit : « la somme des valeurs en matériaux ou en services consommées pour produire une richesse et qui comprennent les salaires du travail, l'intérêt, l'amortissement et l'assurance du capital, le coût de transport, les impôts et le prix de la matière première[1] ».

104. — **Coût de production en nature :** Quand on parle de coût de production, la première idée qui se présente à l'esprit est celle de matières premières achetées et de services payés à prix d'argent. Le coût de production ne peut-il pas se concevoir autrement?

La jeune fille modèle « qui fait ses toilettes elle-même » dira volontiers : « voilà un chapeau qui ne m'a rien coûté ; j'avais la paille, j'avais les fournitures, et j'ai moi-même fait la modiste ». En faut-il conclure que le *coût de production* n'existe pas dans l'espèce? Non : la paille avait une valeur, — et l'aurait eue même quand la jeune ouvrière l'aurait tressée de ses mains, — les fleurs et les rubans constituaient également une matière première, et, si vous ajoutez à ces matières premières, le travail de la modiste volontaire, vous obtiendrez un total qui constitue le *coût de production en nature*.

Pour peu que la jeune fille eût, en travaillant, usé son aiguille, il faudrait ajouter l'usure d'un capital fixe!

Le coût de production en nature se compose des matières premières employées, du travail consacré

1 Gide, p. 82.

à la production, de l'usure des capitaux fixes et de l'anéantissement des capitaux circulants.

Achetez les matières premières, faites faire le travail par des ouvriers auxquels vous donnerez un salaire et, à la place du coût de production en nature, vous aurez le coût de production en monnaie.

105. — **Loi du rendement non proportionnel :** Si à un hectare de blé cent journées de travail et une quantité donnée d'engrais peuvent faire rapporter un produit déterminé, s'ensuit-il que deux cents journées de travail et une quantité double d'engrais pourront lui faire rapporter un produit double? Non : pour doubler le produit, il faudra peut-être quintupler ou même décupler le travail et les frais. C'est ce qu'on appelle la *loi du rendement non proportionnel* (*diminishing returns*).

Cette affirmation formulée par Stuart Mill qui la donne pour « la proposition la plus importante de l'économie politique »[1] ne saurait être admise sans restrictions.

Elle est exacte en ce qui concerne l'industrie agricole. Si vous supposez toutes les terres du globe mises en culture, il y a un point auquel l'homme pourrait arriver à la limite absolue de la culture et ne plus obtenir aucune espèce de supplément de produit.

Elle est exacte encore en ce qui concerne les industries extractives. Par suite de l'accroissement de la demande de houille, il faudra exploiter des gisements pauvres où l'extraction devient difficile et coûteuse.

1 Stuart Mill, *Principes*, liv. 1, chap. 12, § 2.

Mais, dans l'industrie manufacturière, les choses se présentent sous un autre aspect :

Comme une force d'un cheval-vapeur revient par heure à 0 fr. 40 quand elle est produite par une machine de cinq chevaux, et 0 fr. 05 par heure (huit fois moins) quand elle est produite par une machine de cent chevaux, — comme, d'autre part, la division du travail parvient à une multiplication presque incroyable des quantités produites[1], — qu'en somme, plus une industrie emploie de capitaux et de travail moins les produits lui coûtent, le rendement dans l'industrie manufacturière ser[illegible] illimité.

106. — Ainsi le rendement serait moins que proportionnel dans l'industrie agricole et dans les industries extractives, plus que proportionnel dans l'industrie manufacturière.

107. — Cette théorie de Stuart Mill, avons-nous dit, ne doit pas être prise à la lettre. D'une part, la production industrielle n'est pas aussi illimitée que l'on veut bien le dire. Un moment vient où la machine ne pourrait plus produire davantage sans éclater. D'autre part, en cultivant une quantité double de terrain, on peut doubler la production agricole : la théorie du rendement non proportionnel ne s'applique donc pas à la culture *extensive*, mais seulement à la culture *intensive*.

Tout ce que l'on peut dire, c'est que les dimensions de la terre n'étant pas indéfinies, la limite de la productivité sera plus vite atteinte en agriculture que dans l'industrie[2].

1 V. *infrà*, n. 117.
2 M. Cauwès, Cours de 1902-1903.

CHAPITRE III

RAPPORTS DE LA PRODUCTION ET DES BESOINS.

---

108. — **Le problème de la population :** L'humanité s'accroît : le développement de la production est-il destiné à devancer le développement de l'espèce humaine ou à se laisser devancer par ce dernier ?

C'est un problème dont la solution est envisagée différemment par les optimistes et par les pessimistes.

109. — **Etat stationnaire :** Stuart Mill, dans une page célèbre, prévoit une sorte d'apothéose économique, un temps où tous les besoins étant satisfaits, le progrès humain s'arrêtera parce que l'humanité ne sentira plus le besoin de progresser. Cet état apothéotique est ce que Stuart Mill appelle l'*état stationnaire*.

« L'état stationnaire implique le *statu quo* de la population ; il se prête mieux à la modération des fortunes, il sauvegarde le pittoresque et la poésie des régions peu habitées, enfin il serait d'autant plus conciliable avec le progrès artistique, moral et philosophique que les âmes cesseraient d'être remplies du soin d'acquérir des richesses[1].

Retenons seulement le moyen signalé par Stuart Mill pour parvenir à cet idéal *état stationnaire*, apothéose économique de l'humanité : « le *statu quo* de la population »[2].

110. — **Malthusianisme** : Malthus, au contraire, suppose que l'humanité tend à s'accroître en progression géométrique, tandis que les ressources destinées à satisfaire ses besoins ne peuvent grandir qu'en progression arithmétique. Un temps viendra donc où la production ne sera plus en mesure de suffire à la consommation. Il n'y a qu'un moyen de remédier à ce danger : c'est de pratiquer l'infécondité volontaire, ce que Malthus appelle le « *moral restraint* » (la contrainte morale). Ne faites que peu d'enfants si vous voulez être sûr d'avoir de quoi les nourrir ! C'est la doctrine exposée dans l' « *Essai sur le principe de population* ».

111. — Si l'on veut considérer les choses de près, on peut constater qu'entre la doctrine de Stuart Mill, et celle du pessimiste Malthus, il n'y a qu'une différence : l'un d'eux considère que l'humanité consentira à pratiquer le *moral restraint* (d'où le bienheureux *état stationnaire* entrevu), tandis que l'autre n'est pas sûr de convertir les hommes à la continence dont il fait, dans sa vertueuse naïveté, l'unique moyen de limiter la prolifération.

Un des motifs de la haine avouée de Stuart Mill contre l'Église et le clergé catholiques, n'est-il pas de voir que « la religion n'a pas encore cessé

1 Stuart Mill, *Principes d'économie politique*, liv. 4, chap. 6.
2 *Ibid.*

ses encouragements à la fécondité des unions » et que « le clergé catholique estime partout que son devoir est de conseiller le mariage pour éviter la fornication[1] »?

112. — Les doctrines de Malthus n'ont que trop fait fortune en France et certains publicistes allemands s'applaudissent de penser que dans cinquante ans, leur population sera par rapport à la nôtre, dans la proportion de cinq à un! — Ce calcul nous paraît d'ailleurs ne pas reposer sur des bases bien sérieuses.

113. — Prenons des chiffres précis :

En France, le mouvement d'accroissement de la population qui était en 1864 de 54 individus pour 10.000, est tombé en 1896 à 45 individus; il faudrait à la population française plusieurs siècles pour doubler.

Au contraire, en Allemagne, le taux d'accroissement actuel est de 150 pour 10.000. — En Belgique, il est de 110.

Dans les autres pays, on remarque que, dans les 25 dernières années, le taux d'accroissement a un peu faibli.

La natalité de la France est la plus faible de l'Europe, en laissant toutefois l'Irlande de côté. — La natalité de la France actuelle est de 22,9 par 1.000 habitants : — il y a 25 ans, elle se montait encore à 27,3 par 1.000 habitants[2].

114. — Nous sommes assez loin de l'*état stationnaire* prophétisé par Stuart Mill pour espérer encore une longue période de *progrès*. — Quant aux

1 Stuart Mill, *Principes d'économie politique*, vol. 1, p. 432.
2 M. Cauwès, Cours de 1903-1904.

craintes de Malthus, leur réalisation ne doit pas nous empêcher de dormir. Il y a sur le globe encore bien des terrains incultes (en Afrique par exemple) : de plus, la culture intensive n'a pas dit son dernier mot. La Chine, comme le fait observer M. Gide, « à l'aide d'une culture maraîchère, qui est un véritable jardinage », est parvenue à nourrir une population exubérante[1].

CHAPITRE IV

ORGANISATION DE LA PRODUCTION. — DIVISION DU TRAVAIL.

115. — Livré à ses seules forces l'individu serait impuissant à produire une œuvre de quelque importance; mais l'homme emprunte à l'association deux forces qui lui permettent de mener à bien des entreprises presque gigantesques. Ces deux forces sont le *travail combiné* et la *division du travail*.

116. — **Travail combiné :** Une peinture égyptienne[2] nous montre des hommes en grand nombre attelés pour traîner un colosse et faisant, sous la direction d'un conducteur qui frappe en mesure un instrument de métal, le même effort

1 Gide, p. 21.
2 Peinture d'El-Berscheh.

rhytmé de traction. C'est là le *travail combiné*, c'est-à-dire l'effort identique de plusieurs individus associés pour la même tâche.

117. — **Division du travail :** C'est l'effet le plus fécond de l'association. Prenez un « Robinson », il sera à lui-même son pourvoyeur de subsistance, son charpentier, son tailleur. Il fera assez mal les divers métiers que son isolement lui impose, parcequ'il n'a le temps de se perfectionner, d'acquérir le *tour de main* dans aucun d'eux. — Il perdra beauconp de temps, parce qu'il lui faudra laisser, à chaque instant, la hache du charpentier pour l'aiguille du tailleur, le fusil du chasseur ou la charrue.

Introduisez Vendredi dans la vie de ce Robinson et les tâches se distribueront : chacun fera mieux et plus vite la sienne.

Divisez les tâches à l'infini et vous obtiendrez alors une rapidité dont vous ne pouviez vous faire aucune idée. — On ne se lasse pas de citer, après Adam Smith, l'exemple de la fabrication des épingles. Dix ouvriers travaillant chacun chez eux et accomplissant la même tâche, pourraient tout au plus produire 240 épingles par jour. Réunis dans un atelier, l'un tirant le fil à la bobille, l'autre le dressant, un troisième le coupant, un quatrième l'empointant et ainsi de suite, ils fabriqueront 48.000 épingles dans une journée[1].

118. — **L'association :** L'association et la division du travail sont deux phénomènes économiques inséparables : mais il serait bien difficile de dire quel est, de ces deux phénomènes, celui

1 Beauregard, p. 45.

qui procède de l'autre. La division du travail suppose la collaboration de deux individus au moins; elle a rendu leur association nécessaire; — mais d'autre part elle ne se fût pas produite si cette association n'eût préexisté.

119. — **Associations instinctives, coercitives, patronales** : L'association a d'abord été instinctive : il est probable que la première association fut le ménage, bientôt étendue par la collaboration des enfants parvenus à l'adolescence, — puis coercitive (période de l'esclavage), puis semi-coercitive (période du servage), puis patronale (Moyen âge).

CHAPITRE V

ÉVOLUTION HISTORIQUE DE LA PRODUCTION.

120. — **Production pour les besoins personnels du producteur** : Il n'est pas besoin de réfléchir bien longtemps pour comprendre que la première pensée de l'homme primitif a été de produire pour la satisfaction de ses besoins personnels. Il a poursuivi les bêtes sauvages pour en faire sa nourriture; pour abriter sa tête, il a construit la première hutte de branchages; il a préparé la dépouille des animaux pour garantir son corps du froid ou du soleil.

Lorsqu'en s'accouplant, en reproduisant son

espèce, il a fondé une famille, il a produit pour sa compagne, pour ses petits, assumant la tâche de leur procurer ce que leur faiblesse les empêchait de se procurer eux-mêmes.

121. — **Régime patriarcal :** Les enfants grandirent, devinrent assez forts pour produire eux-mêmes ce qui était nécessaire à leur existence; mais, par suite de cette loi providentielle qui a fait de l'homme un animal sociable, ils ne firent point bande à part; ils formèrent, sous la direction et l'autorité du père, l'agglomération familiale; agglomération qui, dans la suite des temps, s'augmenta des serviteurs libres ou esclaves et devint, ce que chez les Romains, on appela la *domus*, — ou la *familia* au sens large.

Tous les membres de la *familia* produisent non pour eux-mêmes mais pour l'agglomération tout entière, et c'est le chef de famille qui répartit entre les divers individus ou les divers groupements qui vivent sous son autorité les produits de l'industrie commune. Le groupe se suffit à lui-même et n'emprunte rien à aucun autre groupe; il consomme tous ses produits, mais il ne consomme que ses produits.

Telle nous apparaît la production sous le régime patriarcal ou communiste : l'individu ne produit plus pour lui-même mais pour le groupe dont il fait partie.

122. — **Production pour l'échange :** L'individu isolé, qui ne produit que pour lui-même, se pourvoit de tout. Ses tâches, généralement rudimentaires, sont aussi multipliées, aussi variées que ses besoins. Sous le régime patriarcal, les mem-

bres du groupe se spécialisent déjà suivant leurs aptitudes; mais leurs produits au lieu de s'échanger les uns contre les autres tombent dans la masse commune.

Mais un temps vient où un groupe producteur ne se contente plus de ce qu'il peut produire et cherche à se procurer ce qu'il ne produit pas. Vous pouvez imaginer, — les hypothèses les plus simples sont les meilleures, — deux groupes vivant l'un sur le littoral, et l'autre dans les forêts, à distance de la côte. L'un vit de sa pêche, l'autre de sa chasse. L'idée vient à tous deux de varier leur menu. Comment y parviendront-ils? La tribu côtière cherchera à troquer le surplus du produit de sa pêche contre l'excédent de venaison de la tribu forestière, et la production pour les besoins du producteur fera place à la production en vue de l'échange.

123. — L'échange est né de la division du travail : mais après avoir été la conséquence de cette division, il en est devenu un des facteurs parce qu'il a poussé les producteurs à se spécialiser d'après leurs aptitudes, ou d'après les milieux où s'exerçait leur activité. — En supposant que les deux tribus que nous avons prises pour types joignissent, l'une l'occupation accessoire de la chasse à son occupation principale de la pêche, l'autre l'occupation accessoire de la pêche à son occupation principale de la chasse, le jour où elles ont échangé leurs produits, l'une a renoncé à poursuivre le gibier trop rare à une petite distance du littoral et l'autre à aller quêter à grande distance le poisson qui ne pouvait exister dans ses cantonnements.

124. — **L'échange :** L'échange tient une place immense dans la vie économique. Son importance est telle que naguère encore la plupart des économistes en faisaient un phénomène à part dans l'économie politique : *la circulation :* « l'échange, dit Bastiat, c'est l'économie politique, c'est la société tout entière[1] ».

125. — Inconnu tant que la division du travail s'est réduite à l'*économie de famille*, il a pris naissance avec l'*économie de tribu*, s'est développé avec l'*économie nationale* et a atteint son plus haut degré d'expansion avec l'*économie internationale*[2].

126. — Le mot *échange* n'a pas d'ailleurs en économie politique le sens étroit qu'on lui attribue dans la langue du droit. Tous les contrats dans lesquels une partie reçoit quelque chose en échange de ce qu'elle donne, troc, vente, louage de choses ou de services, société, etc., tout cela c'est *l'échange* dans le sens économique du mot.

127. — L'échange permet d'utiliser une grande quantité de richesses qui, sans lui, seraient demeurées sans emploi. « Sans l'échange, remarque M. Gide, que ferait l'Angleterre de sa houille, la Californie de son or, le Pérou de son guano, le Brésil de son écorce de quinquina?[3] ».

128. — L'individu isolé (toujours Robinson !) règle sa production sur ses *besoins* et non sur ses *aptitudes* : il se fait potier, parce qu'il est nécessaire qu'il se fasse potier ; — avec l'échange, chacun, sûr d'obtenir d'autrui ce qu'il ferait mal lui-

1 Bastiat, *Harmonies économiques*, début du chap. IV.
2 M. Souchon à son cours de 1899-1900. — Beauregard, p. 189.
3 Gide, p. 215.

même règle sa production sur ses aptitudes, non sur ses besoins. L'échange permet donc d'utiliser des capacités productrices qui demeureraient inutiles s'il n'existait pas[1].

129. — Formes actuelles de la production pour l'échange. — L'entreprise : Dans nos sociétés modernes, la production est organisée sous forme d'*entreprise.* Parmi les associés, l'un, le *patron* fournit le capital, les instruments, la terre; les autres, les salariés, fournissent le travail.....

Le capital est bien souvent fourni non par un seul individu, mais par une collectivité d'individus; ce qui fait que l'entreprise repose sur une association de capitalistes, ou sur une association de capitaux.

Ces deux expressions ne sont pas synonymes. Il y a association de capitalistes quand l'existence de l'association est liée à la présence dans son sein des individus qui ont fourni le capital; association de capitaux quand la société subsiste tant qu'elle dispose des capitaux, quand même les propriétaires de ces capitaux auraient changé par l'effet de mutations entre-vifs ou par décès.

130. — *Association de capitaux.* — Nous renvoyons au droit privé l'étude des associations de capitaux dont le type achevé est la *Société par actions.*

Nous nous bornerons ici à signaler les avantages et les inconvénients que présentent ces associations au point de vue économique.

Leurs avantages : 1° la division du capital en

1 Gide, p. 216.

fractions assez petites pour que les plus petites bourses y trouvent un moyen de faire fructifier leur épargne; 2° la grande facilité du déplacement des capitaux que les actionnaires peuvent retirer de l'entreprise en vendant leurs titres.

Leurs inconvénients : 1° les associés ne se connaissent pas entre eux et souvent connaissent à peine l'entreprise à laquelle ils sont associés; 2° la société par actions se trouve partagée en deux groupes de personnes : les unes qui se partagent les produits d'une entreprise dans laquelle ils ne travaillent pas, les autres qui travaillent dans une entreprise dont ils ne recueillent point les fruits[1].

131. — **La concentration :** Les associations de capitalistes et les associations de capitaux ont pour conséquence la *concentration des entreprises*, c'est-à-dire la substitution à un grand nombre d'entreprises de médiocre importance, d'un nombre infiniment plus limité d'entreprises puissantes qui disposent d'une masse énorme de capitaux et emploient des armées de salariés.

Des capitalistes qui auraient autrefois créé individuellement des industries similaires, réunissent aujourd'hui leurs ressources et fondent ensemble une industrie unique.

132. — **Grande et petite production :** Un des aspects de la concentration qui est la caractéristique de notre époque, est l'évolution de la petite à la grande production.

Celle-ci présente des avantages évidents en matière industrielle :

1° Une production beaucoup plus intense.

1 Gide, p. 191, 193.

2° Une économie de travail (par suite d'une division du travail plus perfectionnée).

3° Une économie d'emplacement : il ne faut pas autant de place pour une usine qui donne une production déterminée que pour deux usines qui produiraient moitié moins chacune.

4° Une économie d'agents naturels. Une force d'un cheval-vapeur coûte par heure 0 fr. 40 quand elle est produite par une machine de cinq chevaux, et 0 fr. 05 par heure (huit fois moins), quand elle est produite par une machine de plus de cent chevaux (V. *suprà*, n° 105).

5° Une économie de frais généraux. Un personnel unique peut diriger et administrer une usine importante. Pour administrer plusieurs petites fabriques il faut se procurer et rémunérer plusieurs personnels.

6° L'achat des matières premières à bien meilleur compte.

7° L'élévation du niveau intellectuel du personnel chargé de la direction.

8° Une économie de capitaux : grâce au renouvellement rapide de la marchandise, une grande industrie peut faire cent fois autant d'affaires qu'une petite industrie [1].

133. — **Producteurs autonomes :** En revanche, la grande production tend à faire disparaître de plus en plus les producteurs autonomes et à les transformer en salariés, à diminuer le nombre de ceux *qui sont à eux-mêmes leur propre entrepreneur* [2].

1 M. Cauwès à son cours de 1902-1903. — Beauregard, p. 57, 58. — Gide, p. 193, 195.
2 Beauregard, p. 58, 59.

Le producteur autonome est-il destiné à disparaître entièrement dans l'industrie manufacturière? M. Cauwès ne le pense pas, parce qu'il s'est créé de notre temps beaucoup d'industries d'art dans lesquelles il est impossible de substituer le travail mécanique au travail manuel (par exemple : la petite verrerie : bobèches, thermomètres, boules électriques), et qu'il y a, d'autre part, certaines industries qui exigent absolument la proximité de l'industriel des petits centres qu'il dessert (maréchalerie, menuiserie locale, etc.)[1].

134. — Dans tous les cas, le producteur autonome semble destiné à survivre dans l'industrie agricole. L'intermittence des travaux agricoles ne permet pas au machinisme de jouer dans l'agriculture le même rôle que dans l'industrie manufacturière, et le machinisme est le grand facteur de la concentration. — D'autre part, la propriété est très morcelée dans notre pays, le paysan tient à la terre et professe un exclusivisme qui s'accorderait mal avec l'absorption de sa propriété dans le patrimoine de grandes entreprises agricoles. — Enfin la concentration a pour objectif une augmentation de la production, et la petite culture donne un produit brut supérieur à la grande culture; d'où il résulte que la concentration n'y est point nécessaire.

1 M. Cauwès à son cours de 1902-1903.

CHAPITRE VI

ÉVOLUTION DE LA PROPRIÉTÉ FONCIÈRE ET DE L'AGRICULTURE.

§ 1. — ÉVOLUTION DE LA PROPRIÉTÉ.

135. — **Origines du droit de propriété :** La première source de la propriété a été l'occupation : mais elle n'a pas dû, dans le principe, s'appliquer aux objets immobiliers, car la propriété des immeubles, de la terre, ne s'accorde pas avec la vie des nomades. — Le droit d'*exclusion* qui est un des attributs caractéristiques de la propriété n'a pu commencer, pour le sol, qu'avec la culture, c'est-à-dire quand les hommes sont passés de la vie pastorale à la vie agricole.

136. — **Justification du droit de propriété :** La propriété mobilière a des adversaires; nous le constaterons en étudiant les théories socialistes : elle a été cependant moins violemment et moins généralement attaquée que la propriété foncière.

Cette dernière a subi et subit chaque jour des assauts furieux. Ajoutons qu'elle a été mollement défendue. J.-B. Say n'a-t-il pas émis cette affirmation imprudente et médiocrement justifiée que « la propriété foncière est le genre de propriété dont la légitimité est la plus douteuse » — « qu'il n'y a pas un héritage qui ne remonte à une spoliation violente ou frauduleuse, récente ou ancienne? »[1].

Michelet a écrit : « l'homme a sur la terre, le premier des droits, celui de l'avoir faite ». Et Bastiat, pour démontrer que la valeur de la terre procède uniquement du travail, fait remarquer que partout où la terre est vierge, elle est sans valeur.

Cet argument est peu sérieux : la terre vierge n'est sans valeur que parce qu'elle manque d'acheteurs pour la demander. Jetez une masse d'hommes dans le voisinage d'une terre vierge, et vous verrez si cette terre n'acquiert pas une valeur, c'est-à-dire si on ne se la disputera pas même avant le premier coup de pioche!

137. — En somme, le fondement de la propriété foncière n'est pas très solide si on ne prétend la faire reposer que sur le travail; il le devient si on la fait reposer sur l'*utilité publique;* et cette utilité résulte de la nécessité de pratiquer une culture plus intensive à mesure que la population devient plus dense, de la nécessité de stimuler le zèle du travailleur par la pensée qu'il travaille pour lui, la seule qui puisse le déterminer à entreprendre des travaux de longue haleine.

138. — **Evolution du droit de propriété. — Quant à son objet :** La propriété commença

1 J.-B. Say, *Cours complet d'éc. pol.*, t. 1, p. 533.

sans doute par les meubles, puis par les tombeaux des ancêtres[1]. — Ce n'est que plus tard que l'on admit la propriété foncière.

139. — La propriété foncière dut elle-même passer par plusieurs étapes :

1° La propriété de tribu (peuples pasteurs) ;

2° La possession temporaire, avec partage périodique. C'était le régime des peuplades germaniques au temps de Tacite : « *arva per annos mutant* ».

140. — Il existe encore des traces ou des spécimens de ce régime : les *Allmenden* de Suisse (terres dont la répartition est faite périodiquement entre les chefs de famille), — une partie des terres russes.

141. — En Russie, le territoire de la commune, est partagé généralement en trois catégories : 1° le terrain bâti avec les jardins qui constitue la propriété héréditaire (cette propriété est inaliénable et non soumise au partage) ; 2° la terre arable qui est partagée périodiquement en parcelles aussi égales que possible, suivant le nombre des habitants ; 3° la prairie ou la forêt qui reste indivise.

C'est l'assemblée des chefs de famille le *Mir*, qui règle souverainement la répartition des lots et l'ordre des cultures.

Est-ce là une survivance destinée à disparaître en Russie comme elle a disparu ailleurs ? C'est un point très controversé entre les économistes russes.

142. — 3° La propriété familiale : c'est probablement le type originaire de la propriété romaine.

1 M. Gide.

143. — 4° Ici s'interpose une phase accidentelle qui se retrouve dans la vie de tous les peuples : le régime de la conquête et des tenures (division de la propriété en *domaine éminent* et *domaine utile*[1]).

144. — 5° Enfin la propriété foncière individuelle et libre.

145. — **Mobilisation de la propriété foncière** : Sommes-nous arrivés à la dernière étape de l'évolution de la propriété foncière? Bien présomptueux qui oserait dire aux institutions humaines : « Vous ne changerez plus! »

La loi positive s'est donné beaucoup de mal pour assurer à la propriété foncière une stabilité particulière : nous n'en pourrions donner de meilleures preuves que l'ancienne règle « Meubles sont le siège des dettes », — la dissemblance des régimes auxquels sont soumis, jusque dans notre Code civil, les meubles et les immeubles.

Mais aujourd'hui deux courants sont en lutte : l'un en faveur de la stabilité de la propriété foncière; l'autre en faveur de sa mobilité, de son rapprochement avec la propriété des meubles. Ces deux courants s'affirment, l'un dans la création du *homestead*, l'autre dans la mobilisation du sol pratiquée dans certains pays (V. *infrà*, n. 147, *Act Torrens*).

146. — *Homestead* : Le *homestead* des États-Unis, est un bien de médiocre importance (cette importance est limitée par la loi) qui est rendu inaliénable par une déclaration de son propriétaire. Le but du *homestead* est de soustraire à l'action

1 M. Souchon à son cours de 1899-1900.

des créanciers l'abri strictement indispensable à une famille et les quelques terres qui subviennent à ses besoins les plus immédiats.

De nombreuses propositions ont été faites, depuis un certain nombre d'années, aux Chambres françaises dans le but d'introduire chez nous, sous le nom de « *bien de famille* », une institution analogue [1].

147. — *Act Torrens* : Le système Torrens, en vigueur dans la Nouvelle-Galles du Sud, est un système de mobilisation de la propriété foncière; il consiste :

1° Dans un registre où chaque immeuble a sa page spéciale;

2° Dans un titre, reproduction exacte et parfois même photographique de la feuille du registre qui, remis entre les mains du propriétaire, prend la place de l'immeuble, de telle sorte que la transmission de cette feuille opère transmission de la propriété.

Le système Torrens a été introduit en Tunisie.

Malgré le courant contraire, la propriété foncière tend à se rapprocher de la propriété mobilière.

148. — Evolution de la propriété. — Quant à ses attributs : La propriété est de sa nature perpétuelle : enlevez-lui la perpétuité, ce ne sera plus que la possession.

149. — *Hérédité* : A la perpétuité se lie nécessairement *l'hérédité* : l'hérédité qui n'a sa raison d'être que lorsque la propriété *familiale* a fait place à la propriété individuelle.

1 Propositions de MM. Lévellé, Hubbard, l'abbé Lemire, Vacher et Borie.

150. — *Droit de libre disposition :* Le second attribut essentiel de la propriété, c'est la libre disposition.

151. — *Liberté de tester :* A ces deux questions de l'hérédité et de la libre disposition se rattache celle de la liberté de tester qui préoccupe et divise les économistes. On sait que, chez nous, la liberté de tester est loin d'être entière ; qu'elle est restreinte par les droits des héritiers réservataires auxquels le Code attribue, malgré toute volonté contraire du défunt, une partie du patrimoine qu'elle frappe d'indisponibilité.

Cette restriction au droit de disposition posthume des propriétaires est justifiée d'ordinaire par l'obligation alimentaire qui existe entre les parents et les enfants. Mais, comme le dit Montesquieu : « Si la loi naturelle ordonne aux pères de nourrir leurs enfants, elle ne les oblige pas d'en faire leurs héritiers ».

Il y a, dans les dispositions de notre Code sur ce point, un ressouvenir de la période lointaine de copropriété familiale.

152. — Les dispositions restrictives de la liberté de tester présentent cet inconvénient qu'elles conduisent à l'émiettement de la propriété foncière, — qui est une condition économique déplorable. Lord Castlereagh se consolait de l'appui prêté aux Français en 1815 par l'empereur Alexandre en disant : « Après tout, la France est bien assez épuisée par son régime successoral ».

Cet émiettement pourrait être évité si le père de famille avait le droit de disposer de sa propriété au profit de l'un de ses enfants, sauf à celui-ci à venir en aide à ses frères et sœurs.

153. — Le champion le plus déterminé de la liberté de tester a été, en France, Le Play. « Les législateurs révolutionnaires, dit-il, ont voulu détruire les grands propriétaires ; mais ils n'ont pas su trouver le seul moyen qui pût atteindre leur but, celui qui fut appliqué à l'Irlande par les Anglais. Ils n'ont point traité différemment la classe qu'ils voulaient abattre et celle qu'ils voulaient élever. ... »

154. — On se préoccupe dans divers pays d'Europe de ce morcellement exigé de la propriété foncière (Allemagne, Luxembourg, Alsace-Lorraine) et l'on y poursuit avec persévérance et non sans un certain succès ce que l'on appelle le *remembrement* de la propriété[1].

155. — **Division de la propriété foncière en France et dans quelques pays étrangers:** La France est un pays de petite et de moyenne propriété. — En Angleterre, au contraire, la grande propriété occupe les 9/10 de la surface cultivée. — La concentration existe de même en Autriche. En Allemagne les grandes propriétés dominent à l'Est de l'Elbe; les contrées de l'Ouest et du Sud sont des pays de petite propriété ; la plaine saxonne et les plateaux bavarois présentent une condition intermédiaire[2].

1 Voyez article de M. J. Cazajoux, *Réforme sociale*, du 1er mars 1898.
2 M. Cauwès à son cours de 1902-1903. — Article de M. Dubois, *Réforme sociale*, du 1er mars 1898.

§ 2. — ÉVOLUTION DE L'AGRICULTURE.

156. — **Culture extensive et intensive:** La culture a été tout d'abord extensive, c'est-à-dire que les hommes ont défriché et mis en valeur des quantités de terre de plus en plus grandes. La culture reste à l'état extensif tant qu'il existe de nouveaux emplacements à mettre en culture.

157. — Le jour où tous les terrains sont occupés, il faut bien que la culture se fasse intensive, c'est-à-dire qu'elle demande aux terrains déjà cultivés une production plus abondante, plus *intense* et elle y parvient au moyen de labours plus profonds, d'instruments agricoles perfectionnés, de fumures moins parcimonieuses, et surtout d'engrais chimiques. La chimie agricole est une science qui a fait depuis cinquante ans d'énormes progrès, et, si l'Angleterre occupe le premier rang pour la mécanique agricole, nous avons la satisfaction de penser que, pour la chimie agricole, nous ne sommes devancés par personne[1].

158. — **Division du travail et machinisme en agriculture:** La division du travail existe dans les travaux agricoles, mais à un degré bien moindre que dans l'industrie: et nous avons déjà dit plus haut que le machinisme agricole ne peut avoir la même importance que le machinisme industriel parce que son usage est temporaire. Toute machine agricole chôme bien plus longtemps qu'elle ne fonctionne.

On ne saurait néanmoins méconnaître l'utilité des machines agricoles.

1 M. Cauwès à son cours de 1902-1903.

1° Elles accélèrent la besogne, ce qui est précieux pour certains travaux (la moisson par exemple; — on a toujours à redouter la pluie).

2° Elles augmentent le rendement. En usant pour les semailles du *semoir en ligne* on perd beaucoup moins de grain : tout germe.

3° Elles permettent de labourer profondément sans effort humain (charrues perfectionnées)[1].

159. — **Grande et petite culture :** Il est constaté que, si la grande culture donne un produit *net* plus considérable (par conséquent un plus grand gain pour celui qui exploite le sol), le produit *brut* de la petite culture est supérieur (d'où un bénéfice pour le pays)[2].

160. — Il est facile, après les explications que nous venons de donner, de comprendre pourquoi l'on ne rencontre pas dans l'industrie agricole la même tendance à la concentration que dans l'industrie manufacturière. — La loi du rendement non proportionnel (V. *suprà*, n° 105), les limites restreintes dans lesquelles peut évoluer la division du travail, la supériorité de la petite culture au point de vue du rendement brut, tout cela nous démontre que la concentration dans l'agriculture, n'est ni facile ni désirable.

160 *bis*. — Faut-il donc arriver pour cela à la formule « la terre aux paysans »? Non ; il faut des grands propriétaires; les grands propriétaires sont les éducateurs des petits : « s'il n'y avait eu, dit très bien M. Gide, d'autres viticulteurs dans le Midi de la France que les paysans, ils n'auraient pas

1 M. Cauwès, Cours de 1902-1903.
2 Gide, p. 200.

réussi à vaincre le phylloxera. Les paysans n'ont fait que suivre, et encore avec combien de résistance ! — l'initiative des grands propriétaires ».

161. — **Syndicats agricoles** : Il existe un moyen de combiner les avantages de la petite et de la grande culture ; ce moyen est fourni par les syndicats agricoles.

Un heureux amendement les introduisit dans la loi de 1884 sur les syndicats professionnels, alors que les auteurs du projet de loi n'y avaient nullement songé. — Ils ont réussi en France beaucoup mieux que tous les autres. Il y en a aujourd'hui près de 3.000 dont quelques-uns comptent 8.000 à 10.000 membres[1].

162. — Les syndicats agricoles ont tenté la production en commun ; mais ils n'ont réussi assez brillamment que pour la fabrication des beurres et des fromages.

« Les véritables coopératives de vente restent extrêmement rares et leur succès reste incertain..... Il est vrai que les laiteries coopératives sont déjà nombreuses en France. Elles se sont tout au moins multipliées avec succès dans les départements des Charentes et des Deux-Sèvres... et dans la Thiérache (arrondissements de Vervins, d'Avesne et de Cambrai[2]).

Des essais d'associations de production sont signalés par M. de Rocquigny pour les fraises à Carpentras, les melons verts à Trets, les oignons à fleurs à Ollioules[3].

1 Gide, p. 198.
2 Souchon, *Les cartells de l'agriculture en Allemagne*, p. 9 et 10.
3 Cte de Rocquigny, *Réforme sociale*, du 1er septembre 1895.

D'après le même, des associations de vente fonctionneraient à Paimpol pour les pommes de terre, à Blois et Romorantin pour les légumes verts. — Paimpol expédie à Londres, Blois et Romorantin aux halles centrales de Paris[1].

163. — **Sociétés de crédit agricole:** Aux syndicats agricoles la loi de 1884 a rattaché les sociétés de crédit agricole. On a même profité du renouvellement du privilège de la banque de France pour imposer à cet établissement une avance de 40 millions aux sociétés de crédit agricole. — Il faut dire que cette clause du pacte de renouvellement est restée à l'état de lettre morte.

CHAPITRE VII

LES MODES DE LA PRODUCTION INDUSTRIELLE.

---

164. — **Types successifs de l'organisation industrielle :** L'école historique reconnaît cinq phases de l'évolution industrielle.

1° L'industrie de famille;

2° L'industrie corporative;

3° La manufacture à domicile;

4° La manufacture agglomérée ou fabrique, ou atelier;

5° L'industrie mécanique ou usine : la *machino-*

1 Ote de Rocquigny, *Réforme sociale*, du 1er septembre 1895.

facture pour nous servir de l'appellation proposée par M. Vandevelde.

165. — Industrie de famille : L'industrie de famille (*familia* dans le sens romain) comprend le travail des esclaves proprement dits (travail servile) et au Moyen âge le travail demi-servile (travail des serfs).

L'industrie de famille produit pour l'usage des membres de l'agglomération familiale et non pour l'échange. La communauté se suffit à elle-même et n'a besoin de rien acheter au dehors. D'ailleurs, comme les groupes familiaux dont se compose la société sont tous organisés sur le même modèle, chacun d'eux se suffit et ne vend pas plus qu'il n'achète.

D'ailleurs pour trouver le type pur d'une société ainsi composée, d'une société à laquelle l'échange serait tout à fait inconnu, il faut remonter aux patriarches.

Ces sociétés pratiquent le *communisme*. Aussi les socialistes actuels se réclament-ils du régime patriarcal que l'application de leurs théories rétablirait sur les ruines du régime capitaliste[1].

166. — Industrie corporative : Nous renvoyons à l'histoire du droit pour tout ce qui a trait à l'industrie corporative.

167. — Industrie manufacturière à do-

1 « Il faut, pour avoir des exemples de sociétés communistes, remonter aux « populations primitives : encore le régime patriarcal n'offre-t-il pas, même « sur une échelle minuscule, le modèle du collectivisme. Si la production y est « organisée et dirigée par un chef, du moins la répartition s'y fait-elle suivant « les besoins ou le rang de chacun, sans que le chef de la communauté fixe « les valeurs d'après un principe destiné à régler la répartition des produits « dans la proportion du travail fourni par chacun des membres de la famille ». Bourguin, *Les systèmes socialistes*, p. 337.

micile. — **Manufacture agglomérée ou fabrique** : C'est au XVIe siècle que l'organisation plus perfectionnée de l'industrie manufacturière a commencé l'élimination progressive du travail corporatif.

Cette élimination constitue une grande transformation sociale. Au temps des corporations, les divers membres qui les composent, maîtres, compagnons, apprentis appartiennent à la même classe de la société. L'apprenti est un futur compagnon, le compagnon un futur maître. La nouvelle organisation du travail va creuser un abîme entre l'employeur et l'employé, entre le patron et l'ouvrier.

En France, c'est l'État qui prit l'initiative du mouvement en créant des manufactures avec privilèges spéciaux.

Sully, Colbert ont attaché leur souvenir à ce mouvement, et le but de ces ministres célèbres était de mettre la production en état d'approvisionner le grand marché national ou même international qui se substituait au marché restreint sur lequel s'écoulaient auparavant les produits en quantité très limitée de l'industrie corporative.

168. — Cette période se subdivise en deux phases :

1° *Manufacture à domicile :* L'ouvrier, propriétaire de ses outils et de la matière première, travaille chez lui, mais les produits appartiennent au marchand qui les centralise.

2° *Manufacture agglomérée ou fabrique :* Le marchand réunit les ouvriers dans un atelier; il fournit la matière première et les outils lui appartiennent comme le produit. L'ouvrier n'a plus à lui que son salaire. La formule actuelle du *patronat* et du *salariat* est trouvée[1].

169. — Sweating-system : Le *sweating system* (système de la sueur) présente un type contemporain de manufacture à domicile. C'est une réviviscence d'habitudes anciennes provoquée sans doute par les réglementations législatives récentes des fabriques auxquelles les industriels essaient d'échapper.

Le *sweating-system* est notamment pratiqué par les tailleurs des grandes villes. Ce système, que l'on pourrait croire bon parce qu'il ne dérobe pas l'ouvrier à la vie de famille, a révélé à l'expérience de graves inconvénients : l'ouvrier sucé par les intermédiaires, des conditions hygiéniques détestables, la protection des femmes et des enfants esquivée, le chômage toujours menaçant, car l'industriel, qui n'ose arrêter le travail quand il s'agit de fermer une fabrique, ne se gêne pas pour l'interrompre quand il n'a pas de fabrique à fermer.

170. — Industrie mécanique : L'industrie mécanique a été la conséquence de l'application de la vapeur à l'industrie et aux transports.

171. — Les machines : Les machines sont la mise en œuvre de la collaboration du travail humain et des agents naturels : les agents naturels tendant à prendre la plus grande part possible de l'œuvre et à restreindre de plus en plus le travail de l'homme.

Cette prépondérance de la machine a été l'oc-

1 Gide, p. 170 et 171.

casion de dithyrambes exagérés et de critiques qui ne le sont pas moins : les machines ne méritent :

Ni cet excès d'honneur, ni cette indignité.

On s'est figuré qu'avec les machines l'homme n'aurait plus qu'à se croiser les bras : la nature allait travailler pour lui toute seule et produire au delà de ses besoins, tandis qu'il s'endormirait dans un doux *farniente*.

Il est fort douteux que cet état, qui a ravi les socialistes, soit bien désirable, et l'on peut se demander quelles vertus ferait éclore cette bienheureuse oisiveté qui a si peu réussi à la moralité de la Rome des Césars.

Mais admettons pour un instant que cette substitution du travail des machines au travail des hommes soit une bonne chose, est-elle autre chose qu'un rêve irréalisable?

Oui, disent certains mathématiciens. Il y a en France, à l'heure actuelle, 6 millions de chevaux-vapeur qui développent une force supérieure à celle de 120 millions d'hommes. Or, comme il y a en France tout au plus 10 millions d'hommes en état de travailler, chaque travailleur Français a *douze esclaves* à sa disposition ! !

Il faut en rabattre : sur les 6 millions de chevaux-vapeur de France, 4 millions 1/2 (soit 80 0/0) sont employés par les locomotives et les bateaux-à-vapeur. — Cela ne fait pas *deux esclaves et demi* par tête de travailleur. — Ajoutons que l'emploi de la vapeur suppose une concentration qui n'existe pas dans un très grand nombre d'industries, ce qui fait que les travailleurs que leur profession rattache à des industries non concentrées n'auront d'autre esclave... qu'eux-mêmes[1].

172. — **Critique du machinisme** : Passons maintenant à la critique. On dit :

1° Le machinisme réduit les ouvriers au chômage. — Une machine qui fait la besogne de six ouvriers, conduite par un seul, en met cinq sur le pavé. C'est ce que pensaient les bateliers du Wéser quand ils mirent en pièces le bateau de Papin et les canuts de Lyon lorsqu'ils détruisaient les métiers Jacquart.

2° Le machinisme produit les crises de surproduction (voir *infrà*, n°s 215 et 220).

3° Il éloigne l'ouvrier du foyer domestique, — l'abrutit en l'astreignant à une tâche infiniment simple, — le démoralise par le contact des sexes dans les agglomérations manufacturières,—prend au foyer la femme, la jeune fille, l'enfant...

173. — Ces critiques ne sont pas toutes sans réponse : ainsi le chômage de l'ouvrier n'est qu'un danger de la première heure et l'on a dit très justement que « si la machine éloigne d'abord l'ouvrier, elle le rappelle ». En 1835, en Angleterre, les filatures de coton employaient 220.000 ouvriers. Aujourd'hui, avec les progrès du machinisme, elles en emploient 530.000[2].

Nous nous expliquerons plus loin sur les crises de surproduction dont on fait remonter la cause au machinisme.

Nous ne croyons pas à l'abrutissement de l'ou-

1 Gide, p. 145.

2 « Lorsqu'en 1769, Arkwright monta sa machine à filer, sept mille personnes seulement travaillaient en Angleterre à la confection des étoffes de coton ». Du Mesnil-Marigny, *Catéchisme de l'économie politique*, p. 63.

vrier par suite de la simplification de sa tâche. Le travail se faisant plus vite, il reste à l'ouvrier un peu plus de loisir pour s'instruire et, s'il s'instruit mal, ce n'est pas la faute des machines. Quant au contact des sexes, à l'éloignement du foyer domestique de la mère, de la jeune fille, de l'enfant, il serait puéril d'en contester les inconvénients. Seulement, est-on bien sûr que, par ce temps où la haute production s'impose comme une nécessité inéluctable, en fermant la porte des usines à la femme, à la jeune fille, à l'enfant, on n'aboutirait pas soit à un chômage aussi dangereux que le travail à l'usine, soit au sweating-system dont nous avons signalé les inconvénients?

CHAPITRE VIII

APERÇU DES TRANSFORMATIONS ÉCONOMIQUES CONTEMPORAINES[1].

---

174. — **Développement des pays neufs :** La géographie économique a bien changé depuis cent ans! Les États-Unis qui comptaient en 1800 cinq millions d'habitants présentent aujourd'hui une agglomération de soixante-seize millions

1 M. Cauwès, Cours de 1902-1903. — Nota : cet aperçu devait trouver place au titre *De la production*; les transformations dont il est ici question proviennent de ce que certains pays sont devenus producteurs qui l'étaient peu ou qui ne l'étaient pas.

d'âmes. — Les blés du Far-West viennent faire sur les marchés d'Europe une concurrence presque mortelle aux produits nationaux; les industries américaines dévancent celles de l'ancien continent : et la conséquence de ces transformations c'est que, d'importateurs, les États-Unis sont devenus exportateurs.

175. — Un phénomène analogue s'est produit pour l'Australasie qui se réduisait, il y a un siècle, à quelques comptoirs sur les côtes et qui tend, de plus en plus, à devenir une puissance économique.

176. — Le Dominion canadien a pris un développement considérable; la Chine est pénétrée et l'on ne sait au juste ce que ce vieil empire recèle d'éléments de rajeunissement; sa population déborde sur le monde et pour caractériser cette inondation on a inventé le nom de « péril jaune ». — Le Japon, européanisé, manifeste de singulières velléités expansives : on assure qu'il n'est pas inquiétant au point de vue économique parce que, les salaires y suivant une marche ascendante, les naturels du pays ne sentent pas le besoin d'émigrer : — il y a lieu de réserver un jugement sur ce point.

Il n'y a point, dans tous les cas, jusqu'à présent, d'invasion alarmante de la production japonaise.

177. — **Transformation industrielle de certains pays** : Il y a trente ans, l'Angleterre avait la suprématie incontestée de la production industrielle et commerciale. — La France venait après elle.

Puis l'Allemagne, — très loin derrière nous.

Notre expansion, pendant ces 25 dernières années, a été très limitée. L'Allemagne nous montre, au contraire, un changement énorme : la production y était, de 1872 à 1876, de six milliards, dont deux milliards et demi d'exportation.

En 1901, l'Allemagne arrive au chiffre de treize milliards trois cents millions, dont 6.250 millions d'exportation [1].

178. — Notre infériorité proviendrait : 1° de ce que nous manquons de charbon et de fer (ce qui constitue une cause inévitable d'infériorité) ; — 2° de ce que notre marine marchande et notre commerce ne sont pas florissants.

La faute en est, dit-on, à une mauvaise organisation commerciale. — Peut-être aussi à de redoutables concurrences comme celle des Américains qui nous ont supplantés en Roumanie, en Turquie, en Suède, en Norvège, et surtout dans l'Amérique centrale et méridionale... [2].

Peut-être aussi à des causes profondes sur lesquelles il ne convient pas de s'expliquer ici...

179. — **Développement des moyens de transport :** Les transports, en se développant, ont modifié les conditions d'équilibre du monde.

180. — *Navigation maritime :* Une première révolution s'est produite au XIXe siècle dans la navigation à voiles par suite de l'étude des courants atmosphériques et des courants marins.

Une seconde a été la conséquence des progrès de la construction navale. La traversée de l'Atlantique par les meilleurs voiliers est tombée à 30, puis à 20 et même à 18 jours.

1 M. Cauwès, Cours de 1902-1903.
2 *Ibid.*

Mais cela n'est rien auprès des changements produits par : 1° la navigation à vapeur; 2° l'invention de l'hélice; 3° le percement de l'isthme de Suez; 4° la construction de coques métalliques.

Les meilleurs vapeurs, il y a trente ans, filaient 20 nœuds à l'heure, maintenant ils filent 25 nœuds.

181. — *Voies ferrées :* Le coût mondial du réseau des voies ferrées n'atteint pas moins de deux cents milliards.

La tonne kilométrique (prix du transport d'une tonne de marchandises pendant un kilomètre) coûtait autrefois de 0 fr. 25 à 0 fr. 30 dans le roulage ordinaire, de 0 fr. 40 à 0 fr. 45 dans le roulage accéléré. Aujourd'hui, sur les chemins de fer français, la tonne kilométrique revient à environ 0 fr. 04.

182. — *Transport de la pensée :* Cet aperçu ne serait pas complet, si nous ne rappelions ici le développement et le progrès des agents du transport de la pensée : postes, télégraphes, téléphones, télégraphie sans fils.

183. — **Conséquences du développement des moyens de transport :** Le développement des transports a procuré aux vieux pays un double avantage :

1° Ils peuvent s'approvisionner à meilleur compte de matières premières (cotons d'Amérique, laines d'Australie);

2° Ils trouvent de nouveaux débouchés pour leurs produits manufacturés;

Mais, en revanche, les pays neufs où la terre est à bon marché, prennent une véritable revanche contre les vieux pays et leur importation se fait absolument envahissante[1].

184. — Un fait économique domine et résume toutes les transformations de détail. Le développement des moyens de transport et le bon marché des transports substituent le marché national au marché local et le marché mondial au marché national. De là une généralisation de la concurrence qui révolutionne, au profit des uns, au préjudice des autres, la condition économique des divers pays.

184 *bis*. — **Intervention de l'Etat dans les transports** : Les voies ferrées, suivant les pays, sont exploitées par des entreprises particulières libres (système anglais et américain), par des compagnies concessionnaires (système français), ou par l'État (système allemand).

Les étatistes de France voudraient faire racheter par l'État le réseau de nos chemins de fer et une véritable bataille se livre aujourd'hui à l'occasion de ce rachat[2].

On dit volontiers qu'il y a, dans le monde entier, un mouvement vers l'étatisation des voies ferrées et l'on presse la France de ne pas rester en arrière de ce mouvement.

Constatons : 1° que la Suisse qui a racheté ses chemins de fer est si peu satisfaite des conséquences de l'opération qu'elle cherche les moyens de revenir en arrière; 2° qu'en Autriche, où la moitié seulement des lignes a été rachetée, les Chambres de commerce, éclairées par les résultats,

1 M. Cauwès, *ibid*.
2 Projet Bourrat.

pressent le Gouvernement de renoncer au rachat du reste des réseaux; 3° que l'Italie, qui avait espéré, elle aussi, des avantages merveilleux, a été obligée de concéder ses lignes à des compagnies fermières; 4° qu'en Allemagne, l'étatisation des chemins de fer, qu'on nous présente comme une excellente mesure économique, a abouti, — comme ailleurs du reste, — à une majoration des tarifs.

Chez nous, l'opération du rachat aurait pour effet de charger l'État à beaux deniers comptants d'un réseau qui lui reviendra pour rien à l'expiration des concessions, — et l'on peut se demander si la situation de nos finances sollicite bien ce sacrifice; — de mettre sous l'influence directe du Gouvernement 300.000 ouvriers devenus fonctionnaires (avantage qui peut paraître précieux au Gouvernement mais qui est suspect aux libéraux).

On nous assure, il est vrai, que l'État pourrait procéder à des abaissements de tarifs, n'ayant plus d'actionnaires à satisfaire. On peut objecter qu'à l'expiration des concessions, l'État sera tout naturellement débarrassé des actionnaires, mais que, tant que les concessions dureront, les actionnaires seront des rentiers, et que, par suite, les abaissements de tarifs, — s'ils doivent réellement se produire, *au rebours de ce qui est arrivé partout*, — ne se produiront qu'à l'époque où ils deviendraient possibles sans rachat anticipé.

Restent, en faveur du rachat : 1° un prétendu intérêt stratégique probablement déjà satisfait par la disposition qui fait passer le réseau des chemins de fer aux mains du ministère de la Guerre par le seul effet de la déclaration de guerre, — et qui, d'ailleurs, en ce qui concerne certaines mesures de précautions dont on fait grand bruit, peut tout attendre du patriotisme de nos compagnies[1].

2° Cette considération que l'État, maître des chemins de fer, pourrait abaisser les tarifs internationaux dont l'élévation pousse les expéditeurs étrangers, qui devraient normalement emprunter pour leurs transports les voies françaises, à choisir les réseaux étrangers dont le tarif est moins élevé.

Cet argument paraît sérieux et n'a jamais été bien réfuté.

En somme, cette question si controversée du rachat des chemins de fer met aux prises des économistes de haute valeur; — elle est très difficile à résoudre et les événements seuls pourront dire de quel côté est la vérité. C'est pourquoi nous attachons une importance si grande aux expériences décevantes qui ont dessillé les yeux de plus d'un pays voisin.

185. — **Colonisation** : Les pays autrefois importateurs étant devenus exportateurs, les vieux pays sont obligés de chercher à se créer de nouveaux débouchés. Telle est la cause du mouvement de colonisation qui a pris à notre époque une si grande extension.

186. — *Types divers des colonies:* Les colonies correspondent à six types principaux :

1° Les colonies de commerce ou *comptoirs*, — telles, dans l'antiquité, les colonies phéniciennes et carthaginoises, — telles, au seuil des temps modernes, les comptoirs portugais des Indes, — telles, aujourd'hui, les colonies anglaises de Hong-Kong et de Singapour. Ces colonies sont situées sur les

1 R. de Feydeau, *Le rachat des chemins de fer*, p. 82-89, et 191, 192.

côtes à l'entrecroisement des grandes routes maritimes. Ce sont des entrepôts ou s'échangent les produits indigènes contre les produits européens.

2° Les colonies de plantation (Antilles).

3° Les colonies d'exploitation (Indes anglaises, Indo-Chine française).

Les colonies appartenant à ces deux groupes sont des territoires où la mère patrie apporte surtout des capitaux.

Dans les territoires d'exploitation, la race indigène constitue l'immense majorité d'une population au milieu de laquelle sont comme noyés des Européens qui constituent la race dirigeante[1].

Dans les territoires de plantation, la race indigène a disparu bientôt après l'arrivée des Européens et ceux-ci ont été obligés d'importer les capitaux et la main-d'œuvre. Sur ces terres généreuses de la région tropicale, les planteurs se sont consacrés exclusivement à la culture de certains produits — la canne à sucre surtout. « Toutes ces colonies sont de vastes usines à sucre[2].

4° Les colonies de peuplement. Ces colonies appellent l'émigration et servent de déversoir au trop plein de population de la mère patrie — (le Canada, l'Australie. — La Nouvelle-Calédonie pourrait être une excellente colonie de peuplement si les Français n'étaient, par nature, fort peu enclins à l'émigration).

5° Les colonies militaires. (Dans l'antiquité les colonies romaines ; — de nos jours les postes russes dans l'Asie centrale). — Ces colonies sont un moyen d'assimilation d'une population barbare.

1 Girault, *Principes de législation coloniale*, p. 24.
2 Girault, *op. cit.*, p. 25.

6° Les colonies pénales (Botany-Bay, La Guyane) sont un moyen de débarrasser la mère patrie d'une écume encombrante.

187. — Il y a pour une nation, à posséder des colonies, des avantages politiques et des avantages économiques.

Les colonies produisent une émigration d'hommes et une émigration de capitaux. La première répond aux préoccupations de Malthus; — elle empêche l'avilissement des salaires. Il vaut mieux d'ailleurs, pour un pays, que ses nationaux émigrent dans ses colonies qu'à l'étranger.

L'émigration des capitaux est-elle un bien ou un mal? Un bien selon M. P. Leroy-Beaulieu : elle ouvre de nouveaux débouchés à l'industrie et remédie à l'avilissement des prix et à la stagnation des affaires. — Dans tous les cas, — c'est ce que nous venons de dire aussi de l'émigration des individus, — il vaut mieux que nos capitaux aillent dans nos colonies que chez nos voisins.

La grande utilité des colonies consiste en ce qu'elles ouvrent un débouché assuré aux produits de la mère patrie. Mais il y a parfois loin, en cette matière, de la théorie à la pratique; Bernardin de Saint-Pierre écrivait au sujet de l'Ile de France : « Cette colonie fait venir sa vaisselle de Chine, son linge et ses habits de l'Inde, ses esclaves et ses bestiaux de Madagascar, une partie de ses vivres du Cap de Bonne-Espérance, son argent de Cadix et... son administration de France ».

Il ne faut cependant pas exagérer les conséquences fâcheuses de notre tempérament national. — On doit, dit M. Cauwès, faire justice de ce mauvais préjugé « que la France joue dans ses colonies un rôle insignifiant[1] — qu'elle conquiert des territoires coloniaux pour le profit des autres nations. — Nos importations à Madagascar sont passées de 15 millions en 1892 à 50 millions en 1901 ».

188. — *Régime économique des colonies :* Les colonies peuvent être soumises à trois régimes différents : 1° le régime de la subordination (colonies espagnoles); 2° le régime autonome (colonies anglaises); 3° le régime d'assimilation douanière (système français).

189. — « Le régime de subordination », — on dit aussi d' « assujettissement » — est conçu dans l'intérêt particulier de la métropole. La métropole omnipotente exploite les colonies à son profit, ne laisse à ses sujets coloniaux ni initiative, ni contrôle et les traite quelque peu comme l'administration des gabelles traitait jadis les contribuables qu'elle contraignait à acheter à un prix exorbitant le sel du roi... lors même qu'ils n'avaient nul besoin de le consommer.

190. — Le régime d'autonomie (système anglais) est très favorable à la prospérité et au développement des colonies; mais il leur permet de se placer en antagonisme avec la mère patrie. — Rien n'empêche la colonie de frapper de droits protecteurs et même prohibitifs les produits de la métropole, alors, au contraire, qu'elle accorderait un régime de faveur à certains produits étrangers.

191. — Le régime d'assimilation douanière (système français) consiste à considérer le terri-

1 M. Cauwès, Cours de 1902-1903.

toire colonial comme une extension du territoire métropolitain. — (Cette assimilation économique est souvent complétée par une assimilation politique et administrative). — Sous le régime d'assimilation douanière, les produits des colonies entrent en franchise dans la métropole et réciproquement.

Les Anglais regrettent aujourd'hui de n'avoir pas adopté ce régime[1].

192. — *Expansion coloniale des principales puissances :* L'Angleterre, avec son empire colonial, ne compte pas moins de 350 millions de sujets.

L'Empire colonial russe est plutôt un prolongement de la Russie qu'un empire colonial proprement dit (Sibérie, Caucase, Asie centrale). — Il y a 7.000.000 de Russes en Sibérie, 8.000.000 au Caucase et l'on ne saurait trop dire s'il faut voir dans ce fait une émigration ou une immigration. Il en résulte, dans tous les cas, un accroissement de puissance économique pour la Russie.

Les colonies françaises se sont accrues depuis trente ans de la Tunisie, du Tonkin, de l'Annam, de Madagascar, du Soudan, du Dahomey... et, proportion gardée, notre situation vis-à-vis de nos colonies est meilleure que celle des Anglais en ce sens que le mouvement d'exportation et d'importation se produit surtout entre nos colonies et la métropole, « ce qui prouve que, si les Anglais sont d'excellents colonisateurs, nous savons, nous aussi, tirer quelque parti de nos colonies[2] ».

1 M. Cauwès, Cours de 1902-1903.
2 M. Cauwès à son cours.

L'Allemagne tourne ses principaux efforts vers une expansion coloniale. Les États-Unis ont mis la main sur Cuba et sur les Philippines, trouvant qu'il y a tout avantage à s'emparer de colonies toutes faites et à profiter ainsi du labeur d'autrui.

CHAPITRE IX

L'ÉTAT ET LA PRODUCTION.

---

193. — « Les peuples les plus avancés, dit M. Beauregard, résolvent aujourd'hui le double problème de la bonne organisation et du bon fonctionnement de l'industrie en proclamant le principe de la liberté du travail, c'est-à-dire qu'ils s'en remettent à l'initiative individuelle du soin d'opérer la distribution des capitaux et des travailleurs entre les industries et de tirer parti des inventions industrielles[1] ».

194. — **Intervention de l'Etat :** Cela ne veut pas dire, ajoute l'éminent économiste, que l'État se désintéresse entièrement de la production des richesses. La liberté du travail, même dans les pays qui la respectent le mieux, subit un certain nombre de restrictions.

195. — *Formes diverses de l'intervention de l'État :* L'État intervient dans la production de quatre façons :

1 Beauregard, *Elém. d'écon. pol.*, p. 69.

1° Il se fait lui-même producteur (tabacs, poudres et salpêtres, chemins de fer de l'État...).

2° Il choisit pour exploiter certaines industries des concessionnaires auxquels il impose certaines conditions (mines, chemins de fer).

3° Il intervient par voie de réglementation, soit pour réprimer les fraudes en punissant les falsifications; soit pour protéger les faibles en réglementant le travail des femmes et des enfants dans les manufactures; soit même dans l'intérêt du public, en soumettant à la nécessité de l'autorisation les établissements insalubres, en entourant de garanties la création des sociétés par actions[1].

4° En assistant et encourageant la production (primes à la construction des navires de commerce, droits protecteurs).

196. — A. **Monopoles fiscaux** : En France, l'État a le monopole du tabac, de la poudre, des allumettes, des cartes à jouer. Ce sont là des monopoles fiscaux destinés à procurer des ressources à l'État et à lui permettre de vivre, sinon de « ses rentes », du moins de son industrie. Ces monopoles rapportent bon an mal an à l'État un produit brut de 700 millions, un produit net de 350 millions[2].

M. Alglave voudrait que l'État s'attribuât en outre le monopole de l'alcool, ce qu'ont fait la Russie et la Suisse, et estime que cette réforme ne rapporterait pas moins d'un milliard par an[3].

197. — L'État a un autre monopole qui ne se

1 Beauregard, *loc. cit.*
2 Gide, p. 619.
3 M. Alglave à son cours.

rattache point à une pensée fiscale, car il constitue une dépense et non un bénéfice : c'est le monopole des correspondances postales, télégraphiques et téléphoniques.

198. — **Industries exercées par l'Etat en concurrence avec les particuliers** : L'État fabrique sans monopole des porcelaines (Sèvres); des tapisseries (les Gobelins et Beauvais). Il a une imprimerie (l'Imprimerie nationale) et un journal (le *Journal officiel*). Enfin, il exploite un réseau de chemins de fer (Chemins de fer de l'État).

199. — **Exploitation directe par les municipalités** : Certaines industries sont parfois exercées directement, sinon par l'État, du moins par les municipalités; par exemple : les services de gaz, plus souvent encore, les services d'eau. Sur le terrain de ces services, la lutte est engagée, comme partout, entre les étatistes et les libéraux; une école qui fait chaque jour des progrès ne sera satisfaite (la vérité est qu'elle ne sera jamais satisfaite), que lorsque les collectivités — (et par-dessus toutes, la grande collectivité, l'État) auront détruit toutes les initiatives individuelles et fait de tous les citoyens un bétail bien engraissé (?) assure-t-on, mais soumis au despotisme d'une majorité plus ou moins tyrannique et plus ou moins changeante.

200. — B. **Concession par l'Etat d'exploitations industrielles** : C'est le système adopté chez nous.

1° Pour l'émission des billets de banque dont le monopole a été concédé par l'État à un établissement privilégié, la Banque de France.

2° Pour les chemins de fer : l'État, au lieu de construire et d'exploiter lui-même les voies ferrées comme en Allemagne, ou d'abandonner la construction et l'exploitation à la libre initiative des particuliers comme en Angleterre ou aux États-Unis, concède l'exploitation, pour une période déterminée, à une société concessionnaire.

3° Aux termes de la loi de 1810, l'exploitation et la propriété des mines n'appartient pas au propriétaire de la superficie, — ce qui serait conforme au principe d'après lequel « la propriété du dessus emporte la propriété du dessous », — mais à celui qui obtient de l'État la concession de la mine.

Cette solution était commandée par l'intérêt public ; les propriétaires des surfaces auraient été bien souvent dans l'impossibilité d'exploiter les richesses du sous-sol et des trésors seraient demeurés à jamais enfouis, au grand préjudice des intérêts économiques du pays.

201. — Le régime des concessions est très habituellement employé par les villes pour les services d'eau, de gaz, de tramways.

202. — C. **Intervention par voie de réglementation et de contrôle :** Les individualistes les plus déterminés ne refusent pas à l'État, dans un intérêt d'ordre public, un droit de réglementation et de contrôle sur les industries. Ils font une distinction très juste entre l'esprit socialiste et l'esprit réglementaire, esprit socialiste qui tend à prendre quelque chose dans la propriété d'un individu pour en faire bénéficier un autre, esprit réglementaire qui se propose seulement d'empêcher l'individu de faire de sa propriété un usage nuisible à la collectivité.

203. — L'esprit réglementaire se manifeste :

1° Par notre législation administrative sur les établissements dangereux, incommodes ou insalubres qui ne peuvent être créés sans autorisation.

2° Par les dispositions législatives qui régissent certaines industries : ordonnance sur la police des chemins de fer; — homologation des tarifs des compagnies, — horaire des trains, nombre des wagons arrêté par le ministre des travaux publics...

3° Par les lois qui prohibent les coalitions de producteurs et les accaparements ou qui répriment certaines infractions commerciales (C. pén., 413-429).

4° Par la législation ouvrière de ces dernières années (travail des femmes et des enfants dans les manufactures, limitation de la journée de travail).

204. — D. **Assistance à la production :** Le procédé le plus énergique d'assistance à la production nationale est la protection douanière. On peut aussi favoriser la production au moyen de réductions de tarifs de transports : dans les pays où les chemins de fer sont aux mains de l'État, la chose est facile; elle n'a rien d'impossible dans les pays où le système de la concession est en vigueur, étant donné que les tarifs sont homologués par l'administration centrale.

205. — On peut essayer aussi du système d'encouragement par des primes. L'expérience faite chez nous par l'allocation de primes à la construction navale a donné des résultats négatifs.

TITRE II

LA CONSOMMATION.

CHAPITRE PREMIER

LA CONSOMMATION ENVISAGÉE EN ELLE-MÊME.

---

206. — **Définitions :** « La consommation d'une richesse est l'accomplissement de la fin en vue de laquelle elle a été produite[1] ».

« Produire, d'après J.-B. Say, c'est donner de l'utilité à une chose, consommer c'est lui en ôter[2] ».

J.-B. Say qui admet l'existence de richesses *immatérielles* est-il bien fondé à dire que la consommation consiste à *ôter de l'utilité à une chose?* « La Vénus de Milo pourra, dit M. Gide, procurer des jouissances esthétiques à toutes les générations humaines sans perdre un atome de sa substance »,

1 Gide, p. 572.
2 J.-B. Say, *Cours complet*, 7e partie, 1re division, chap. I (p. 197).

— « sans perdre rien de son *utilité* », dirions-nous nous-mêmes, pour parler le langage de J.-B. Say.

La formule de J.-B. Say est au contraire irréprochable si l'on n'admet au titre de *richesses* que les richesses matérielles.

207. — **Les diverses espèces de consommations :** Il y a plusieurs espèces de consommations et la science économique fait notamment une distinction entre les *consommations reproductives* ou *industrielles* et les consommations improductives.

1° *Consommations reproductives :* Ce sont toutes celles dont le résultat est une production équivalente ou supérieure de richesse. La houille se consomme en produisant le gaz d'éclairage, ou la vapeur; les machines s'usent mais en produisant des matières fabriquées. — Les semences, les engrais ne s'annihilent qu'en laissant après leur destruction les moissons produites par leur emploi...

2° *Consommations improductives :* les consommations improductives ne laissent rien après elles. Telles sont les consommations *personnelles :* objets d'alimentation, vêtements, médicaments...

208. — Telles sont aussi les *consommations subjectives.* Les économistes donnent ce nom, qui paraît d'abord un peu étrange, à un anéantissement de l'utilité qui se produit en dehors de toute modification matérielle.

Une transformation dans les habitudes fait disparaître un besoin; et les objets qui servaient à satisfaire ce besoin perdent leur utilité. — Une mode change; — une machine cesse d'être en usage par suite de l'invention d'appareils plus perfectionnés : — autant de *consommations subjectives*[1].

209. — **La dépense présente-t-elle des avantages économiques?** Rien de plus souvent répété que cet adage : « La dépense fait aller le commerce »; Est-ce vrai?

Assurément, l'argent *dépensé*, c'est-à-dire employé en achats, fait grand bien à celui qui le reçoit; mais ce n'est pas là la question. Le problème, comme le fait remarquer Bastiat, est de savoir *si ce capital qui se déplace sera plus utile entre les mains de celui qui le reçoit qu'entre les mains de celui qui le dépense.*

La dépense n'est pas bonne quand elle a pour cause la destruction inutile d'une richesse. « Avez-vous jamais été témoin de la fureur du bon bourgeois Jacques Bonhomme, quand son fils terrible est parvenu à casser un carreau de vitre? ... Tous les assistants, fussent-ils trente, semblent s'être donné le mot pour offrir au propriétaire infortuné cette consolation uniforme : « ... Que deviendraient les vitriers, si l'on ne cassait jamais de vitres? » ...

« Faisons le compte de l'industrie en général. La vitre étant cassée, l'industrie vitrière est encouragée dans la mesure de six francs : *c'est ce qu'on voit*...

« Puisque notre bourgeois a dépensé six francs à une chose il ne pourra plus les dépenser à une autre. Si la vitre n'eût pas été cassée, l'industrie cordonnière, — ou toute autre eût été encouragée dans la mesure de six francs, *c'est ce qu'on ne voit pas*.

1 Beauregard, p. 281 et 282

« Faisons maintenant le compte de Jacques Bonhomme : dans la première hypothèse, celle de la vitre cassée, il a dépensé six francs et a, ni plus ni moins que devant, la jouissance d'une vitre... — Dans la seconde, celle où l'accident ne fût pas arrivé, il aurait dépensé six francs en chaussures et aurait eu tout à la fois la jouissance d'une paire de souliers et celle d'une vitre.

« Or, comme Jacques Bonhomme fait partie de la Société, il faut conclure de là que, considérée dans son ensemble, et, toute balance faite de ses travaux et de ses jouissances, la Société a perdu la valeur de la vitre cassée.

Et Bastiat arrive à cette conclusion : « Destruction n'est pas profit[1] ».

210. — **La prodigalité :** La prodigalité est le fait de celui qui, ne mesurant pas ses dépenses à ses ressources, dilapide son patrimoine en consommations qui flattent ses goûts[2].

Ce que l'on voit, c'est que la « prodigalité fait aller le commerce » ; *ce que l'on ne voit pas*, c'est que le prodigue, en gaspillant 100.000 francs, a commandé des objets pour les consommer, tandis que, s'il eût placé la même somme en la prêtant à un fabricant de produits utiles, il eût permis d'augmenter la masse des richesses qui se distribuent entre tous. La prodigalité diminue donc la masse des capitaux disponibles[3].

Il ne faut pas tomber cependant, sous prétexte d'éviter la prodigalité, dans l'*épargne systémati-*

1 Bastiat, *Petits pamphlets : Ce qu'on voit et ce qu'on ne voit pas. I. La vitre cassée.*
2 Beauregard, p. 289.
3 *Ibid.*

que. Si tous les consommateurs se mettaient à restreindre sans nécessité ni mesure leur consommation, où les producteurs trouveraient-ils des débouchés pour leur production? Les stocks s'accumuleraient dans leurs usines, leurs magasins ou leurs greniers et, bientôt, ayant épuisé leur fonds de roulement, ils cesseraient de produire[1].

211. — **Le luxe :** Le luxe est la satisfaction d'un besoin superflu. Est-il chose louable ou chose condamnable? Chose condamnable, peut-on répondre sans hésiter, s'il s'agit du « mauvais luxe », c'est-à-dire de celui qui corrompt l'esprit, pervertit le cœur, ce qui est du ressort de la morale, — ou altère la santé, ce qui est du ressort de l'économie politique, comme l'abus de l'alcool, ce luxe mortel des classes pauvres.

Mais il y a un luxe *éducateur*, au sein duquel les habitudes et l'intelligence se raffinent en même temps. Ce luxe est un des aspects de la civilisation, et, plus l'homme s'en éloigne, plus il se rapproche de l'état sauvage. Ce luxe est bon, et il n'y a pas lieu d'admirer Diogène qui brise son écuelle parce qu'il a vu un enfant boire dans le creux de sa main.

Il est d'ailleurs, comme le constate M. Cauwès, assez difficile de dire où commence le luxe. « Les chemises étaient, au XIVe siècle, un luxe royal; l'usage des mouchoirs s'introduisit chez les grands vers la fin du XVe siècle...[2] ».

La production des objets de luxe augmente la somme des valeurs d'échange : elle doit donc être

1 M. Cauwès, *Cours de doctorat de 1903-1904.*
2 Cauwès, *Précis d'écon. pol.*, t. 1, p. 397.

retenue comme un élément utile par l'économie politique[1].

212. — Associations de consommation : Le moyen de consommer *autant* en dépensant *moins* est l'association de consommation. Plusieurs individus forment, à l'aide de cotisations périodiques, un fonds commun qui sert à acheter des objets de consommation personnelle, aliments, vêtements, etc., que l'on revend aux associés, ou même aux étrangers au prix du commerce de détail. *Les bénéfices sont pour l'association*[2].

Du moment que les bénéfices sont pour l'association, c'est-à-dire pour les associés qui reprennent une partie de ce qu'ils paient, il y a économie pour les membres de l'association.

Si l'on demandait pourquoi la consommation en commun est plus économique que la consommation isolée, nous renverrions à ce que nous avons dit de la grande et de la petite production.

Les socialistes se sont emparés de cette idée : Fourier fait vivre au restaurant tous les membres de son phalanstère.

L'association de consommation peut offrir divers degrés : 1° Le ménage en commun rêvé par Fourier; 2° l'achat en commun (*Wholesale* de Manchester, *Vooruit* de Gand)[3].

1 Conf. Du Mesnil-Marigny, *Catéchisme de l'écon. polit.*, p. 161.
2 Beauregard, p. 294-295.
3 Gide, p. 590, à la note.

CHAPITRE II

LA CONSOMMATION ENVISAGÉE DANS SES RAPPORTS AVEC LA PRODUCTION.

213. — L'homme ne produit que pour satisfaire ses besoins. Toute production est donc destinée à la consommation et ces deux faits économiques doivent s'équivaloir comme les deux termes d'une équation algébrique. Si elles ne s'équivalent pas, on dit qu'il y a *crise*.

Que la production soit insuffisante, les besoins des hommes ne seront pas satisfaits; que la production soit surabondante, les produits ne s'écouleront pas et le coût de production aura été dépensé en pure perte.

La consommation sert de régulateur à la production. Les producteurs avisés se régleront sur les besoins auxquels il est nécessaire de pourvoir; leur activité se mesurera au plus ou moins grand nombre des demandes; ils devront surveiller avec soin l'état du marché, le prévoir au besoin.

Mais leur sagacité peut se trouver en défaut. Parfois même, leur prévoyance ne leur sert à rien, condamnés qu'ils sont par une nécessité plus forte que leur volonté à produire quand même, — ou acculés par les événements à l'impuissance de produire.

214. — **Les crises** : L'évolution industrielle nous a fait connaître des crises qui étaient ignorées de nos pères. Ces crises ont pour cause :

215. — 1° L'encombrement de marchandises (*general glut* des Anglais) qui est une conséquence du machinisme. On peut s'étonner de voir un industriel fabriquer des marchandises dont il n'a pas l'écoulement. C'est qu'on ne peut arrêter temporairement une usine; il faut travailler pour utiliser des matières premières sujettes à dépérissement, entretenir les marchés avec ceux qui les fournissent, et surtout pour retenir des ouvriers que l'on ne serait pas sûr de retrouver après les avoir congédiés.

216. — 2° Le déficit des marchandises, comme la disette de coton (*cotton famine*), qui se produisit à la suite de la guerre de sécession des Etats-Unis.

217. — 3° L'engorgement des capitaux qui, ne trouvant plus de débouchés normaux, se lancent dans des entreprises folles ou lointaines, ce qui amène un krach (l'effondrement des valeurs) comme celui de Vienne en 1893, ou celui de Paris en 1882.

4° Le déficit de capitaux.

218. — 5° La surabondance de numéraire (par exemple la crise des assignats en 1797).

219. — 6° La disette de numéraire. Les crises qui procèdent de cette cause sont les plus dangereuses de toutes. Le moyen préventif le plus usité

consiste, pour les banques, dans l'élévation du taux de leur escompte. — Elles écartent les demandes de numéraire par la rigueur de leurs exigences et défendent ainsi leur encaisse.

220. — **La surproduction et la loi des débouchés :** Existe-t-il un remède aux crises de surproduction? le remède, J.-B. Say crut l'avoir trouvé dans la *surproduction générale.* Se fondant sur cette observation absolument judicieuse que les marchandises ne s'échangent en réalité que contre des marchandises, Say estime que l'encombrement dans une branche d'industrie appellerait comme moyen curatif l'encombrement dans une autre branche. — Toutes les industries en peine d'écouler leur stock seraient amenées à échanger entre elles leurs produits surabondants. Si donc une industrie périclite par suite d'une surproduction, tous les efforts des pouvoirs publics et des capitalistes doivent tendre à imprimer aux autres industries le plus grand développement possible.

221. — Cette solution optimiste de J.-B. Say, à laquelle on a donné le nom de *théorie des débouchés,* ne suffit pas à nous rassurer, car il est rare, impossible même, qu'une surproduction puisse être déterminée dans la totalité ou tout au moins dans un très grand nombre d'industries[1].

222. — Si d'ailleurs dans le pays A, pays industriel, il y a surproduction, les produits en excès de ce pays ne se déverseront dans le pays B, où il existe une surproduction agricole, qu'autant qu'ils

1 Gide, p. 281-282.

ne seront pas arrêtés à sa frontière par des droits protecteurs.

Il ne faut pas non plus que la quantité du numéraire ait baissé dans le pays B : ce qui peut arriver très facilement aujourd'hui par l'acquisition d'immeubles à l'étranger ou de valeurs mobilières étrangères.

Qu'arrivera-t-il en effet? C'est que, le prix des produits ayant baissé, l'excès de production agricole ne donnera point aux habitants du pays B les fonds nécessaires pour acheter la surproduction du pays A[1].

M. Cauwès caractérise d'un mot que nous retenons la « loi des débouchés ». « C'est, dit-il, une loi *idéale*[2] ».

223. — La vérité est que les stocks finissent toujours par s'écouler. Les crises de surproduction sont temporaires; elles font quelques victimes, mais n'exercent pas une action bien redoutable sur l'état économique d'un pays.

224. — **Explications diverses des crises de surproduction :** Il résulte de ce qui vient d'être dit que les crises ont pour cause une surproduction partielle, les produits ne trouvant plus, comme dans le cas de surproduction générale, d'autres produits contre lesquels ils puissent s'échanger.

Elles sont parfois la conséquence d'un changement de mode, du fait que le goût du public déserte un objet pour se porter vers un autre[3]; —

1 Rambaud, *Histoire des doct. écon.*, p. 157. — Gide, p. 231-232.
2 M. Cauwès, Cours de 1902-1903.
3 On assure qu'aux États-Unis le succès des vélocipèdes a déterminé une crise grave dans l'industrie des pianos !

d'une concurrence imprévue qui inonde le marché de produits similaires à des conditions meilleures; — de ces contractions inexpliquées de la consommation que les économistes appellent la *sous-consommation* (l'antithèse de la *surproduction*)[1], — de ce que l'épargne, au lieu de se consacrer à l'acquisition des produits, se détourne vers des acquisitions d'immeubles à l'étranger ou de valeurs immobilières étrangères (*Vid., suprà,* n. 222). — Elles procèdent suivant M. Bourguin du « détraquement général de la circulation[2] », expression si compréhensive qu'elle en devient un peu vague.

225. — Une autre explication des crises de surproduction est fondée sur ce que la rétribution du travail est inférieure à la valeur du produit. — C'est l'explication marxiste.

Suivons le raisonnement de Karl Marx. Pourquoi voit-on surgir des crises de surproduction? Parce qu'il y a trop peu de consommateurs.

Mais pourquoi le nombre des consommateurs est-il insuffisant? Parce que ceux-là seuls peuvent acheter les produits qui sont riches. Or, les riches sont le petit nombre, les prolétaires, l'immense majorité. Dès lors que la demande des privilégiés se raréfie, les produits ne s'écoulent plus.

Si le producteur (l'ouvrier) percevait, comme le demandent les collectivistes, *l'intégralité du produit de son travail*, il n'y aurait jamais de surproduction; chacun rachetant *tout ce qu'il produit*, aucun excédent ne peut demeurer sur le marché. C'est mathématique.

1 M. Cauwès à son Cours de 1903-1904.
2 M. Bourguin à son cours et dans son programme.

A cela l'on peut répondre que, pour qu'il n'y ait pas surproduction, il ne suffit pas que l'ouvrier *puisse* racheter l'intégralité du produit de son travail, il faut encore qu'il le *veuille*. Tel objet qui perd la faveur peut n'être demandé ni par les ouvriers qui l'ont produit, ni par les autres.

TITRE III

LA CIRCULATION.

CHAPITRE PREMIER

LA VALEUR.

226. — **La valeur** : Il ne faut pas confondre la *valeur* avec la *richesse*, car si toute valeur est une richesse, toute richesse n'est pas une valeur.

227. — La valeur est définie par M. Gide le *degré de désirabilité* d'une chose.

228. — Puisque la valeur est fondée sur le *désir* de l'homme, il faut en conclure qu'elle est *subjective*.

229. — Toute *valeur* implique une idée de *rareté* dans la quantité que l'idée de richesse n'implique en aucune façon. L'utilité seule ne suffit pas pour créer la valeur : rien n'est plus utile à l'homme

que l'air ou l'eau courante et cependant l'air ou l'eau n'ont pas de valeur.

« Ce n'est que quand le puits est à sec que l'on connaît la valeur de l'eau », dit Franklin dans *La Science du bonhomme Richard.*

En résumé, la richesse est fondée sur l'*utilité seule*, la valeur sur l'*utilité et la rareté*[1].

230. — **Utilité finale ou marginale :** La valeur étant déterminée par l'utilité subjective (l'utilité attribuée à la chose par celui qui la possède), cette utilité n'est pas la même pour chaque unité possédée et décroît à mesure que le nombre d'unités possédées augmente. Cette idée est rendue facile à saisir par l'exemple donné par M. Gide des seaux d'eau que leur propriétaire destine le premier à sa boisson, le second à sa toilette, le troisième à l'arrosage de ses fleurs, et le quatrième à laver le pavé de sa cuisine. Ces quatre seaux d'eau sont tout pareils; pourtant leur possesseur n'a pas de tous un égal besoin, par conséquent, un égal désir; leur parfaite identité cependant, empêche que leur valeur soit différente. — Or, c'est l'utilité de la dernière unité possédée (la moins utile) qui déterminera et limitera l'utilité de toutes les autres. Pourquoi? Parce que, si l'on renverse le seau n° 1, le possesseur commun des quatre seaux emploiera le n° 2 à sa boisson, le n° 3 à sa toilette, le n° 4 à l'arrosage de son parterre; — et l'unique seau dont il sera privé, qu'il *désirera* remplacer, et pour lequel il fera une dépense proportionnée à son désir, ce sera le quatrième.

Ce nivellement de l'utilité (et par conséquent de

1 Beauregard, p. 192.

la valeur) à l'étiage pour ainsi dire de la moins utile des unités possédées est appelé en économie politique l'*utilité finale* ou *marginale*.

On pourrait définir l'utilité finale : l'utilité attribuée par celui qui possède plusieurs unités d'une même richesse à l'unité dont il a le moindre besoin[1].

231. — **Fondement de la valeur** : Il semblerait, d'après ce que nous venons de dire, que la valeur est fondée sur l'*utilité* et la *rareté* de la chose. Telle est en effet la pure doctrine individualiste.

D'après une autre théorie, la valeur aurait pour base unique le *travail*, c'est-à-dire non la satisfaction procurée, mais l'effort accompli : la valeur se mesure à la peine qu'il faut prendre pour créer l'objet désiré.

Une simple observation suffira pour montrer ce qu'il y a de trop absolu dans cette théorie : la production d'une barrique de Chambertin coûte sensiblement la même quantité de travail que la production d'une barrique de vin d'Argenteuil : les deux barriques ont donc la même valeur?

Le blé des Cévennes coûte beaucoup plus de peine à produire que le blé de la Beauce, sans être meilleur. Le blé des Cévennes aura donc plus de valeur que le blé de la Beauce?[2].

232. — La théorie de la valeur uniquement basée sur le travail, de la valeur qui ne serait, pour nous servir de l'expression de Karl Marx, que du « travail cristallisé », est donc manifestement

1 Gide, p. 64.
2 M. Deschamps, Cours de 1901-1902 et 1902-1903.

inexacte. Il faut néanmoins en retenir quelque chose : suivant qu'il nous faut plus ou moins de travail pour multiplier une chose utile et désirée, cette chose est plus ou moins rare; et, si elle est plus rare, elle aura plus de valeur. La *quantité de travail* nécessaire à la production d'un objet est un élément de sa valeur, en tant qu'elle est une condition de sa rareté; nous verrons qu'elle joue encore un autre rôle dans la fixation de la valeur en tant qu'elle majore le coût de production[1].

233. — **Valeur d'usage et valeur d'échange :** Mais, comme le fait très bien remarquer M. Gide, l'idée de valeur (degré de désirabilité) implique une comparaison, — même lorsqu'il s'agit de la valeur d'usage. — Faisons, comme dit M. Gide, « une robinsonnade », c'est-à-dire supposons un individu isolé « un Robinson », cette comparaison ne laissera pas de se produire. Le héros de Daniel de Foë rapporte d'abord du vaisseau naufragé les objets qui ont le plus de *valeur* à ses yeux, parce qu'il ne sait pas s'il aura le temps de sauver les autres.

234. — La notion de la valeur n'acquiert toutefois toute sa netteté que dans les rapports des hommes vivant en société, c'est-à-dire quand elle prend le caractère de la valeur d'échange. « La valeur d'une chose est mesurée par la quantité d'autres choses contre lesquelles elle peut s'échanger » — ou, plus brièvement, par son *pouvoir d'acquisition*. Si je puis, en échange d'un bœuf,

1 Gide, p. 73.

avoir vingt moutons, c'est qu'un bœuf *vaut* vingt moutons.

235. — Aristote avait déjà remarqué que la valeur se présente à nous sous deux aspects : « Toute propriété, dit-il, a deux usages qui tous deux lui appartiennent essentiellement. L'un est spécial à la chose, l'autre ne l'est pas. Une chaussure peut à la fois servir à chausser le pied et à faire un échange[1] ».

Il y a, en effet, deux sortes de valeur : la *valeur d'usage* et la *valeur d'échange*.

Une chose peut n'avoir aucune valeur d'usage et avoir une valeur d'échange. J'ai mille sacs de blé : le millième n'a pas pour moi de valeur d'usage, mais il a la même valeur d'échange que les autres sacs parce que, si j'ai trop de blé pour ma consommation, d'autres individus n'en ont pas assez pour la leur[2].

236. — La valeur d'usage dépend de l'utilité que présente la chose pour son possesseur. La valeur d'échange dépend de l'utilité finale que présente la chose non pour son possesseur mais pour ses acquéreurs éventuels[3].

236 *bis*. — *Le prix et le numéraire:* Pour se faire une idée claire d'une qualité quelconque de deux choses (volume, poids, densité) il ne suffit pas de les comparer, il faut avoir une *commune mesure*. La valeur n'a point échappé à la règle et tous les peuples ont de bonne heure adopté une commune mesure de la valeur, — cotonnades chez les nègres

1 Aristote, *Politique*, liv. I, ch. III, § 1.
2 Gide, p. 77-78.
3 Gide, *loc. cit.*

d'Afrique, ou, chez les mêmes, cauris (sorte de coquillage), peaux de castor chez les sauvages du Canada. — Les peuples civilisés ont tous abouti à l'usage de la monnaie (métaux précieux revêtus d'une certaine forme et d'une certaine effigie).

237. — **Marché :** Le caractère de la valeur d'échange c'est d'être *la même sur un même marché* pour des marchandises de même qualité: « Par marché, dans le sens économique du mot, il faut entendre non pas seulement une même place ou un même local, mais toute sphère dans laquelle le déplacement des marchandises et les communications des vendeurs et acheteurs sont assez rapides pour qu'un même prix s'établisse. L'étendue des marchés varie donc suivant la nature des marchandises. La France constitue presque un seul marché pour le blé, le monde un seul marché pour l'or[1] ».

On a défini le marché « l'*ensemble des débouchés* » ouverts à un produit[2].

238. — **Cours ou cote :** Le prix unique qui s'établit sur un marché pour une même qualité de marchandise est ce qu'on appelle le *cours* ou la *cote*.

Cet établissement d'un cours unique semble d'abord un fait paradoxal. Comment le prix peut-il être unique quand les divers acheteurs et les divers vendeurs n'ont pas au même degré le désir d'acheter ou de vendre?

239. — **Loi d'indifférence :** Parce que toutes les fois qu'il est absolument indifférent à un

1 Gide, p. 78, note.
2 Pascal Bonnin, *Entretiens familiers sur l'économie politique*, p. 225.

acheteur d'acquérir l'un ou l'autre de deux objets identiques, cet acheteur ne consentira pas à payer l'un plus cher que l'autre et, si deux vendeurs offraient des choses identiques à des prix différents, celui qui demanderait le prix le plus élevé n'aurait que le choix entre baisser son prix et ne pas vendre du tout.

Inversement, si des acheteurs offrent d'une même chose un prix différent, le vendeur ne traitera pas avec celui qui lui offre le plus bas prix.

C'est ce que Stanley Jevons appelle la *loi d'indifférence*[1].

240. — **Loi de l'offre et de la demande** : La fixation de la valeur subit donc la loi de l'*offre et de la demande*. C'est-à-dire qu'une marchandise « se vend cher quand plusieurs acheteurs courent après un vendeur, et bon marché quand plusieurs vendeurs courent après un acheteur[2] ».

241. — **Valeur normale** : Il y a cependant une valeur dont une marchandise tend toujours à se rapprocher et qu'on appelle la *valeur normale*. Cette valeur normale n'est pas autre chose que le coût de production augmenté d'un profit moyen pour le fournisseur[3].

242. — **Concurrence** : D'où procède ce rapprochement de la valeur d'échange de la valeur normale? De la concurrence des vendeurs. Les vendeurs se disputent les acheteurs au moyen d'une sorte d'enchère à l'envers, et c'est celui qui

1 Gide, p. 79, à la note. — Beauregard, p. 195.
2 Gide, p. 80. — Beauregard, p. 195.
3 Beauregard, p. 196.

fait aux acheteurs les conditions les moins rigoureuses qui se défait de la marchandise.

243. — La concurrence ne peut-elle faire baisser les prix au-dessous de la valeur normale? Ce n'est pas impossible, mais cela n'arrivera guère, et surtout cela ne dure pas. Les vendeurs aimeront mieux se retirer du marché que vendre à perte : la retraite d'un nombre plus ou moins considérable de vendeurs rompra l'équilibre au préjudice des acheteurs et, comme alors il y aura autant de demandes et moins d'offres, les cours remonteront.

D'ailleurs, quand ils constatent une tendance à la baisse, les producteurs ralentissent la production, ce qui équivaut à la *retraite* que nous avons supposée pour rendre notre pensée plus facile à saisir[1].

244. — **Monopoles** : C'est donc la concurrence qui ramène les marchandises à leur valeur normale. Il y a lieu, en conséquence, de condamner en principe et de proscrire les monopoles.

Les monopoles ont pourtant trouvé des apologistes et il faut convenir que les monopoles ne méritent pas toutes les critiques qui leur sont adressées.

Les monopoleurs se font habituellement un point d'honneur de maintenir la qualité de la marchandise trop souvent sacrifiée par la concurrence.

Les prix, d'ailleurs, ne sont pas absolument arbitraires sous le régime du monopole. Ils sont soumis à la loi générale des valeurs, et le monopoleur lui-même, garderait sa marchandise, si le public la trouvait trop chère, et se détournait d'elle. La *loi*

1 Beauregard, *loc. cit.*

de substitution peut, d'ailleurs, jouer un grand rôle en cette matière. Si le gaz coûte trop cher, on s'éclairera au pétrole, et si le pétrole lui-même atteignait de trop hauts cours, on se servirait de l'alcool. Il n'est pas jusqu'aux objets de première nécessité qui n'aient des succédanés possibles — Le pain peut être remplacé par la pomme de terre, le vin par la bière, etc.[1].

245. — Le monopole d'ailleurs, dit-on, n'entraîne pas nécessairement l'augmentation du prix des marchandises : les grands magasins, qui tendent de plus en plus à exercer un monopole de fait, vendent meilleur marché que les petits magasins.

On pourrait peut-être répondre que, si les grands magasins vendent bon marché, — ce qu'ils peuvent faire, — c'est pour tuer leurs concurrents modestes, et si, après les avoir tués, ils maintiennent leur bon marché c'est pour empêcher de nouvelles concurrences de s'élever. — (Cette possibilité du renouvellement de la concurrence est ce que les économistes américains appellent la *concurrence potentielle*).

Est-on sûr de la persistance des dispositions généreuses des grandes industries ou des grands magasins, dans le cas où leurs concurrents seraient trop définitivement enterrés?

246. — *Monopoles de droit et monopoles de fait :* Dans nos sociétés modernes, il n'y a plus d'autorité qui règle l'organisation du travail : nous vivons *théoriquement* sous le régime de la liberté du travail, de la concurrence.

---

1 M. Souchon à son cours de 1899-1900. — Conf. Paul de Rousiers : *Les industries monopolisées aux États-Unis*, p. 330.

« Théoriquement », disons-nous, car, s'il n'existe plus de *monopoles de droit* en dehors des monopoles fiscaux (poudres, tabacs, allumettes, transport des correspondances, etc.), les *monopoles de fait* ne sont pas rares. Il y a une part de vrai dans ce passage de Considérant : « il est arrivé que notre régime de concurrence, réclamé par une économie politique ignorante et décrété pour abolir les monopoles, n'aboutit qu'à l'organisation générale des monopoles en toutes branches ».

Mais comment empêcher les monopoles de fait?

247. — **La concurrence est-elle un bienfait?** Les bienfaits de la concurrence sont déniés par certains économistes de plus en plus nombreux à l'heure actuelle. Que lui reproche-t-on?

1° Elle n'a pas pour effet de distribuer les fonctions et les travaux au mieux des besoins sociaux.

2° Elle est, comme nous l'avons dit tout à l'heure, peu favorable à la qualité des produits, chacun s'ingéniant, pour vendre à meilleur marché, à produire avec le moins de frais possible.

3° Elle provoque parfois, — ce qui semble paradoxal, — la cherté des produits! Quand trop de gens se jettent sur une même production, ils remédient à l'insuffisance du bénéfice normal par une élévation générale des prix.

4° Elle assure la victoire aux forts par l'écrasement des faibles.

248. — **Trusts et cartells :** De l'impossibilité où l'on se trouve d'empêcher l'existence des monopoles de fait (et sur ce point la liberté se retourne contre la liberté elle-même) sont nées

ces grandes coalitions que l'on appelle, suivant les pays, *trusts, cartells, combines, pools*.

Les coalitions de producteurs sont prohibées par certaines législations, notamment par la nôtre; mais il est facile de tourner la loi. — En Allemagne, l'État n'hésite pas à entrer dans certains cartells[1].

249. — **Les cartells :** Qu'est-ce au juste qu'un cartell? C'est une entente entre producteurs dont le but est d'empêcher l'avilissement des prix par le moyen de la limitation des quantités produites, ou plutôt des quantités offertes sur le marché national.

Les industriels, en effet, qui forment un cartell : 1° conviennent d'un comptoir commun de vente; 2° fixent un prix au-dessous duquel la marchandise ne pourra être vendue sur le marché intérieur; 3° limitent la quantité des produits qui doivent être mis en vente dans l'étendue du territoire national; 4° se donnent ou se laissent toute latitude pour la fabrication en vue du marché extérieur.

250. — **Les trusts :** Un trust consiste dans l'acquisition par un groupe puissant de capitalistes de plusieurs industries concurrentes qui, par suite de cette absorption, ne forment plus qu'une seule entreprise. Le *trust* devient maître du marché, parce que la concurrence qui pourrait faire baisser les prix est ainsi supprimée. La nécessité s'impose à deux industries rivales qui se disputent la clientèle, de chercher, de part et d'autre, à attirer les clients en vendant au plus bas prix pos-

1 M. Souchon, Cours de 1899-1900.

sible. Lorsque ces deux industries ont fait *leur jonction* contre l'*adversaire* commun qui est le public, c'est le public qui paie les frais de la réconciliation.

Il faut néanmoins rendre aux *trusts* cette justice, que la réduction de frais généraux résultant de la fusion des industries leur permet souvent de ne pas élever les prix et même de les abaisser.

C'est une affirmation courante aux États-Unis qu'il n'y a de trusts qui réussissent que ceux qui font baisser le prix des produits[1].

251. — Les cartells procèdent par la diminution des quantités produites, les trusts par la diminution du nombre des concurrents[2].

252. — **Comptoirs de vente** : Il n'existe en France aucune institution correspondant aux cartells. Il ne semble pas cependant à M. Cauwès, que ces ententes puissent tomber sous l'application de l'art. 419 du Code pénal[3]. C'est une question discutable.

Nous ne voyons, en revanche, aucune disposition qui puisse empêcher une société de capitalistes d'acheter plusieurs usines concurrentes et, par conséquent, de former un trust.

253. — Si les cartells ne se sont pas acclimatés en France (nous ne croyons même pas qu'on ait jamais tenté de les y introduire), nous avons une institution qui présente avec eux quelque analogie. Nous voulons parler des « comptoirs de vente ». La vente des produits des industries syndiquées

1 Paul de Rousiers, *Les industries monopolisées aux États-Unis*, p. 333.
2 M. Cauwès, Cours de 1902-1903.
3 M. Cauwès, *loc. cit.*

ne peut se faire que par l'intermédiaire du comptoir, mais aucune limite n'est imposée à la fabrication.

Le comptoir le plus important est celui de Longwy qui groupe la plupart des hauts fourneaux.

CHAPITRE II

LA MONNAIE.

---

254. — **Le troc :** Le troc est l'échange direct de la marchandise contre la marchandise. C'est une opération souvent impraticable, car elle suppose que la partie disposée à céder une marchandise trouve précisément une contre-partie voulant se défaire de la marchandise qu'elle désire.

Ce n'est pas tout : il faut encore que les désirs des deux parties s'équilibrent en quantité.

255. — Comment trouva-t-on le moyen de simplifier les deux opérations du troc que leur indivisibilité rendait presque impossibles ?

« On convint, dit Aristote, de donner et de recevoir dans les échanges une matière qui, utile par elle-même, fût aisément maniable dans les usages de la vie » ; une matière très divisible, acceptée par tout le monde, *une monnaie* pour tout dire en un mot.

Le troc se décomposa alors en deux opérations : 1° échange d'une marchandise contre une certaine quantité de monnaie (vente); 2° échange d'une certaine quantité de monnaie contre une marchandise (achat).

SECTION I

La monnaie métallique.

256. — **Historique de la monnaie :** Bien des marchandises diverses ont joué chez les peuples le rôle de marchandise tierce : riz au Japon, fourrures au Canada, thé en Chine, cotonnades sur les côtes africaines... etc.

Le choix des peuples civilisés a fini par se fixer sur deux métaux précieux destinés à servir de commune mesure à la valeur, — *de monnaie.*

La plus ancienne monnaie (petit lingot en forme de haricot) serait celle de Gygès, roi de Lydie[1]. — Les transformations de la monnaie chez les Romains sont bien connues des romanistes (période de l'*æs rude*, de l'*æs signatum*, de la *forma publica populi romani*).

257. — Quelles sont donc les qualités qui ont fixé le choix des peuples sur l'or et l'argent?

1° L'inaltérabilité de ces métaux;

2° Leur facilité de transport (ils présentent en effet une valeur élevée sous un petit volume);

3° Leur difficulté de falsification;

4° Leur durée indéfinie;

5° Leur invariabilité dans l'espace (identité de valeur sur des points éloignés);

6° Leur invariabilité dans le temps. Celle-ci toute relative est en réalité impossible à obtenir,

1 Un successeur de Gygès d'après M. Gide (p. 236).

car la quantité des métaux précieux augmente et leur pouvoir d'acquisition baisse à mesure qu'ils deviennent plus communs.

258. — Les prix augmentent quand la valeur de la monnaie diminue; et cela se produit quand il y a augmentation de la quantité de numéraire[1]; — ils diminuent quand la monnaie est plus rare et acquiert par conséquent plus de valeur.

La monnaie ne peut donc pas mesurer exactement la valeur. C'est une comparaison triviale, mais ingénieuse de dire que, comme mesure des valeurs, la monnaie ressemble à un mètre en caoutchouc.

259. — **Monnaie signe et monnaie marchandise** : Il résulte des explications qui précèdent que la monnaie n'est en somme qu'une marchandise choisie parmi les autres pour un rôle particulier[2].

Tout le monde cependant ne la considère pas ainsi; et deux théories sont en présence : celle de la *monnaie marchandise* et celle de la *monnaie signe représentatif des valeurs*.

Signe représentatif des valeurs : C'est, dit J.-B. Say, une locution commune, mais qui n'est pas plus juste pour cela. Qu'est-ce qu'un signe? C'est ce qui représente une chose; mais ce n'est pas la chose même. Un objet de nulle valeur pourrait représenter une valeur, être un signe, une marque que le porteur du signe est possesseur de la valeur réelle absente; mais la monnaie n'est point

1 Telle est du moins la *théorie quantitative* formulée par Jean Bodin; — mais le phénomène est plus complexe : la valeur de la monnaie ne diminuerait pas si le nombre des transactions augmentait en même temps que la quantité de la monnaie (M. Cauwès à son cours 1903-1904).

2 Beauregard, p. 201.

une valeur absente; sa valeur est en elle, sa valeur est indépendante de tous les autres objets, et, si l'on peut se servir de cette valeur pour obtenir en échange une valeur égale, cet avantage lui est commun avec tout autre produit..... Tous les jours on troque un cheval contre un cabriolet... « le cheval n'est pas le signe du cabriolet ![1] ».

260. — Est-ce là une querelle de mots? Non. Si la monnaie n'était qu'un *signe de la valeur*, son pouvoir d'acquisition ne varierait pas avec la quantité du métal pour peu qu'on attribuât à la pièce diminuée de poids la même valeur nominale qu'auparavant. Or il n'en est rien. « Quand les écus, sous Louis XIV, furent réduits à une demi-once, il arriva qu'ils n'achetèrent plus que trente livres de froment au lieu de soixante[2] ».

261. — **Définition de la monnaie par Stanley Jevons** : « Les monnaies sont des lingots dont le poids et le titre sont garantis par l'État et vérifiés par l'intégrité des empreintes qui en recouvrent la surface[3] ».

262. — **Conditions que doit remplir une bonne monnaie** : Une monnaie est *droite*, c'est-à-dire bonne, lorsque sa valeur nominale est rigoureusement égale à sa valeur métallique, que la pièce et le lingot dont elle est formée ont une valeur identique.

En réalité le lingot une fois monnayé devrait

1 J.-B. Say, *Cours complet*, t. 1, p. 381.
2 J.-B. Say, *loc. cit.* La théorie de la monnaie-signe a été établie par Montesquieu (*Esprit des lois*, liv. 22, ch. 7) et détruite par Hume et par Adam Smith.
3 Gide, p. 137.

valoir un peu plus que lorsqu'il est brut, à cause des frais du monnayage, mais la dépense du monnayage n'est que de 0 fr. 04 pour une pièce de 20 francs. C'est une quantité négligeable.

L'Angleterre prend à sa charge le monnayage des « *souverains* ». Aussi le souverain anglais est-il le type d'une monnaie parfaite, sa valeur légale étant absolument identique à sa valeur marchande. Il n'en coûterait pas énormément aux autres États d'assurer, par le même procédé, la perfection à leur monnaie d'or.

263. — La monnaie est dite *faible* lorsque sa valeur nominale est *supérieure* à la valeur du lingot.

264. — Elle est dite *forte* lorsque sa valeur nominale est *inférieure* à la valeur du lingot. C'est là une hypothèse théorique dont les États ne peuvent évidemment faire une réalité.

265. — **Billon** : On appelle monnaie de billon des pièces qui n'ont pas une valeur intrinsèque identique à leur valeur légale (monnaies de cuivre en France, monnaies de cuivre et d'argent en Angleterre).

a) Le billon n'a pas le caractère de monnaie légale : c'est-à-dire que personne ne sera tenu de le recevoir dans les paiements.

b) La liberté du monnayage n'existe pas en faveur du billon.

c) Le billon ne peut être employé dans les paiements que jusqu'à concurrence de la valeur d'*appoint* (chez nous, le cuivre jusqu'à 5 francs, les monnaies divisionnaires d'argent jusqu'à 50 francs).

266. — **Loi de Gresham** : Ce qu'on appelle

la loi de Gresham est une observation fort remarquable, fort ancienne et dont Gresham, chancelier de la reine Élisabeth, a donné cette formule concise : « La mauvaise monnaie chasse la bonne ».

267. — Mac Leod, en vulgarisant l'expression de « loi de Gresham », a fait au chancelier d'Angleterre un honneur qu'il ne saurait revendiquer pour lui seul. Deux siècles avant Gresham, Nicolas Oresme, évêque de Lisieux et précepteur du dauphin qui devint Charles V, mettait en pleine lumière la sortie de la bonne monnaie dans les pays qui font « des *empirances* » (altérations de monnaies)[1].

En 1412, l'Université de Paris se plaignait en corps au roi Charles VI de ce que, par l'effet de la diminution du titre, la bonne monnaie était expulsée grâce aux Lombards « qui cueillaient tout le bon or et faisaient paiement de mauvaise monnaie[2] ».

268. — M. Leroy-Beaulieu donne à la loi de Gresham cette formule nouvelle et parfaitement exacte : « La monnaie locale expulse la monnaie universelle ».

269. — Pourquoi, dans un pays où circulent deux monnaies, la bonne monnaie disparaît-elle?

1° Parce que les étrangers n'acceptent que celle-là dans les paiements, tandis que les nationaux sont obligés d'accepter la mauvaise monnaie qui a cours légal chez eux.

2° Parce que les thésaurisateurs ne dérobent à la circulation que de la monnaie de meilleure qua-

1 Rambaud, *Histoire des doctrines économiques*, p. 45.
2 *Ibid.*

lité (c'est là d'ailleurs un élément peu important du problème).

3° *Par suite de la vente au poids de la bonne monnaie* : C'est là le point essentiel à comprendre et à retenir. Que se passait-il en France avant la convention du 5 novembre 1878? Un spéculateur se procurait à Paris, en pièces de 10 ou 20 francs, le prix d'un kilogramme d'or, soit 3.100 francs. Avec ces 3.100 francs, il achetait à Londres, sur le marché des métaux précieux, 20 kilogrammes d'argent.

Il portait ces 20 kilogrammes d'argent à la monnaie de Paris qui était obligée de les frapper et de lui rendre 4.000 francs de pièces de cinq francs. Bénéfice pour le spéculateur : 900 francs. D'autre part, on constate qu'il est sorti de France 3.100 francs de bonne monnaie et qu'il y est entré 4.000 francs de mauvaise[1].

270. — A l'heure actuelle, la spéculation que nous venons d'exposer serait encore beaucoup plus fructueuse pour celui qui l'entreprendrait. Sur le marché des métaux, notre pièce de cinq francs n'est pas cotée deux francs. Il en résulte que, si la frappe des pièces de cinq francs était encore permise, on pourrait, avec un saumon d'argent acheté moins de deux mille francs, se faire délivrer par la monnaie de Paris mille pièces de cinq francs et bénéficier ainsi de plus de trois mille francs!

271. — **Rôle de l'État dans le monnayage :** La monnaie doit être revêtue de la garantie de l'État : sans cela, il faudrait la peser et

1 Beauregard, p. 216.

la faire sonner comme aux premiers temps de la mancipation ! Mais c'est une question controversée de savoir si l'État doit surveiller la fabrication dont l'initiative serait laissée aux particuliers ou y procéder lui-même.

La surveillance de la fabrication particulière donnerait plus de peine à l'État et exigerait plus d'agents que la fabrication directe. Cet intérêt pratique suffit à trancher la question.

Mais toute personne a le droit d'apporter du métal précieux à la monnaie et d'exiger le monnayage du métal livré [1].

272. — Le devoir de l'État est de monnayer honnêtement, ce qu'il n'a pas toujours fait ; un certain nombre de princes ont laissé une réputation bien établie de faux-monnayeurs.

Ces remaniements successifs expliquent le nom de *livre* porté par des monnaies qui sont loin de peser une *livre*. La *livre* tournois de la fin de l'ancien régime pesait 5 grammes, ce qui équivalait alors à 0 fr. 98. Mais la livre de France, à l'époque carolingienne, n'avait pas pesé moins de 408 grammes. — La livre anglaise (sterling) s'est arrêtée à 25 francs.

273. — Ces remaniements, d'ailleurs, n'ont pour conséquence que de faire hausser le prix des marchandises. Quand une pièce qui valait cinq francs n'en vaut plus que deux et demi, le marchand, pour livrer la même quantité de marchandise, en exige deux au lieu d'une. N'y a-t-il donc personne

1 C'est ce qu'on appelle le système de la *frappe libre* : un autre système considère la frappe de la monnaie comme un droit régalien : l'État dans ce système peut refuser le métal offert s'il trouve qu'une émission de monnaie neuve avilirait les monnaies existantes (V. M. Cauwès, Cours de 1903-1904).

de volé? Si : les créanciers dont le titre était antérieur à l'altération de la monnaie, vis-à-vis desquels les débiteurs se libèrent à meilleur compte, et plus spécialement, les créanciers de l'État.

274. — **Monométallisme et bimétallisme** : Lorsqu'un pays donne le cours légal à un seul métal précieux, on dit que ce pays est monométalliste. Lorsqu'il donne cours légal à deux métaux, on dit qu'il est bimétalliste ou bien encore qu'il admet un double *étalon monétaire*.

275. — **Rapport des étalons monétaires** : Lorsqu'un pays est bimétalliste, il est obligé de fixer *invariablement* le rapport de valeur entre les deux métaux auxquels il donne valeur légale et cours forcé.

Le rapport de l'or et de l'argent a été fixé en France par la loi du 7 germinal an XI à 15 1/2. C'est-à-dire qu'un poids déterminé d'or vaut 15 fois 1/2 autant que le même poids d'argent. Aux États-Unis, le rapport des deux métaux est de 16.

276. — Il ne faut pas se figurer que les États monométallistes ne fassent pas usage de plusieurs métaux : l'Angleterre a des *schellings* d'argent et des *pence* de cuivre : mais, dans ces États, une *seule* monnaie a le cours forcé et la valeur légale ; les autres sont du billon et ne peuvent figurer dans les paiements que comme *valeur d'appoint*.

277. — **Situation au point de vue monométalliste ou bimétalliste des divers Etats** : L'Angleterre est, comme on le sait, monométalliste or. L'Allemagne se trouve dans une situation particulière : elle a, en principe,

adopté le monométallisme or, mais, comme elle avait en circulation un stock d'argent considérable, en renonçant à frapper de nouveaux thalers, elle a maintenu le cours légal à ceux qui existaient déjà.

278. — La Russie, longtemps monométalliste argent, est devenue monométalliste or; mais, à côté du rouble or, elle a une monnaie de papier le *rouble papier*. Le cours du rouble papier est sujet à une cote comme les valeurs de bourse.

279. — Les Indes, la Chine, les Républiques de l'Amérique du Sud sont monométallistes argent. L'Inde anglaise passe du monométallisme argent au monométallisme or. Le Japon, naguère encore monométalliste argent comme toutes les autres régions de l'Extrême-Orient, a adopté, en principe, le monométallisme or, mais a ajourné l'exécution de cette réforme à une époque qui pourrait n'être pas très rapprochée, étant donnée la quantité d'argent qu'il devrait et qu'il ne peut retirer de la circulation.

280. — Les États-Unis ont essayé de passer au monométallisme or; mais les agriculteurs ont résisté à l'introduction de ce système, soutenus par les *Silvermen* (propriétaires de mines d'argent) et ont obtenu le retour au bimétallisme. La législation qu'on appelait le *Bland Act* obligeait l'État à frapper trois millions de dollars d'argent par mois. Le Gouvernement des États-Unis a même essayé sans succès d'obtenir une entente internationale en faveur du bimétallisme.

En fait, les États-Unis n'ont pas repris la frappe de l'argent. Le Gouvernement, même avant l'abrogation du Bland-Act, délivrait un papier-monnaie représentant la valeur du stock d'argent non monnayé qui lui était remis, et ces *silvercertificats* ont toujours joui de la faveur du public.

281. — **Histoire particulière de la France** : La France est bimétalliste : elle l'est plus en principe qu'en réalité.

La découverte des mines d'or de Californie au milieu du siècle dernier, produisit une baisse importante de l'or. C'était l'argent qui était alors la *bonne monnaie* : il en résulta que, conformément à la loi de Gresham, il disparaissait.

282. — *Union Latine* : En 1865, pour empêcher la fuite de l'argent, la France, l'Italie, la Belgique, la Suisse arrêtèrent la convention célèbre connue sous le nom d'*Union Latine*. Leur monnaie d'argent était trop bonne? Elles la rendirent mauvaise en abaissant le titre de 900/1000 à 845/1000, c'est-à-dire en augmentant la quantité d'alliage. Exception fut faite en faveur de la pièce de cinq francs. Pourquoi? Parce que la France s'y opposa, — à tort peut-être, — pour ne pas passer au monométallisme or. Conformément aux principes que nous avons exposés, toutes les pièces divisionnaires d'argent devinrent du billon. La fuite de l'argent s'arrêta.

La Grèce adhéra ultérieurement à la convention de 1865.

283. — *Convention du 5 novembre 1878* : A partir de 1871, ce fut l'argent qui se mit à baisser et ce mouvement de baisse ne s'est point arrêté depuis lors. Naturellement, ce fut au tour de l'or de prendre la fuite.

Qu'allait faire l'Union Latine? Affaiblir ses pièces d'or? Non : elle préféra *arrêter la frappe des pièces de cinq francs*. C'est l'objet de la convention du 5 novembre 1878.

Mais on conviendra que le bimétallisme de l'Union Latine est un singulier bimétallisme et qu'il ressemble à s'y méprendre au monométallisme. Parmi les pièces d'argent de l'Union Latine, une seule a cours légal, et *celle-là, on ne la frappe plus*[1].

284. — **Thèse bimétalliste** : Les bimétallistes font valoir en faveur de leur thèse les arguments suivants :

1° Quand, dans un pays bimétalliste, une monnaie baisse et l'autre hausse, il s'établit une compensation favorable à la stabilité des prix; tandis que le monométallisme peut entraîner l'*appréciation* (expression inverse à *dépréciation*) de l'or[2].

L'*appréciation de l'or* aurait pour conséquence la baisse de la marchandise, puisqu'il faudrait donner une quantité *plus grande* de marchandise pour obtenir *la même* quantité d'or.

2° L'adoption du monométallisme or aurait pour conséquence nécessaire la démonétisation de l'argent; cette démonétisation entraînerait pour la France une perte de 1.600 millions. L'Allemagne a été obligée de reculer devant une pareille opération, et nous ne sommes pas dans de meilleures conditions qu'elle pour y procéder.

285. — **Thèse monométalliste** : Le bimé-

1 M. Souchon, Cours de 1899 et 1900.

2 Gide, p. 253. — Beauregard, p. 216. — Si la quantité d'or augmentait dans des proportions considérables, et cela pourrait très bien arriver par la découverte de nouvelles mines, les faits donneraient raison aux bimétallistes.

tallisme, disent ses adversaires, pourrait être une fort bonne chose s'il n'y avait que des pays bimétallistes; mais il y a, — et en nombre respectable, — des pays monométallistes. Or, en vertu de la loi de Gresham, les pays monométallistes attireront fatalement toute la bonne monnaie, tandis que les pays bimétallistes garderont toute la mauvaise.

286. — A cela l'on peut objecter que, s'il existe des pays monométallistes or, il y a aussi des pays monométallistes argent; les pays bimétallistes servent de lien entre ces deux groupes.

287. — Le mot de la situation nous paraît avoir été dit par M. Gide : « On comprend bien, écrit « M. Gide, que les pays bimétallistes hésitent à « adopter le monométallisme; si faible que soit « le fil qui les rattache au bimétallisme, il peut « leur en coûter cher de le couper[1] ».

288. — Quant à la pensée de faire fixer la valeur respective des deux métaux par une entente internationale, elle n'a certainement en théorie rien d'irréalisable; mais, au point de vue pratique, on ne peut guère la considérer que comme un rêve.

SECTION II

La monnaie de papier.

289. — **Remplacement possible de la monnaie métallique par la monnaie de papier :** Qu'est-ce qu'une pièce de monnaie,

1 Gide, p. 260, 261.

sinon une sorte de *ticket* en métal qui nous donne le droit de nous faire délivrer des marchandises dont nous avons besoin? On conçoit donc que ce rôle puisse être joué aussi bien par une feuille de papier que par un lingot de métal.

Quelques auteurs de l'antiquité font mention de monnaies *obsidionales* en cuir. L'existence de la monnaie de papier en Chine au XIVe siècle est constatée par Marco Polo[1].

290. — **Tentative de Law** : La première émission de monnaie de papier sur une grande échelle fut faite chez nous par Law en 1716.

Les billets émis par la « Banque générale » n'eurent pas d'abord le cours légal, puisque, si le Régent avait ordonné dès le 10 avril 1717 aux receveurs des revenus publics d'accepter ces billets en paiement des contributions, ils n'étaient pas doués d'une vertu libératoire entre particuliers.

Le cours légal leur fut donné par la suite, et même le cours forcé en décembre 1719. Cela produisit l'effet inévitable en pareil cas, le dédoublement des prix et la hausse invraisemblable des marchandises. Le Gouvernement fut obligé de capituler, et, en novembre 1720, de décider que les billets de la Banque générale (devenue *Banque royale* depuis le 4 décembre 1718) ne seraient plus acceptés que de gré à gré. Ce fut la fin du système.

1 « *Comment le grand Khan emploie des cartes pour monnaie* ». — « Quand ce carton est confectionné, il le fait couper de diverses manières pour former diverses pièces... Quand ces pièces sont faites, il s'en sert pour tous ses paiements... et nul ne peut les refuser sous peine de la vie. D'ailleurs tous les reçoivent assez volontiers en paiement parce qu'ils peuvent à leur tour s'en servir pour tout ce qu'ils veulent ». *Relation d'après la rédaction de Rusticien de Pise.*

291. — **Les assignats** : La seconde expérience du papier-monnaie dans notre pays fut la création des assignats. Cette seconde expérience aboutit à la banqueroute de 1797. Ce lamentable avortement eut deux causes : l'importance extravagante de l'émission (45 milliards !) et le peu de confiance qu'avait le public dans le remboursement de ces titres.

292. — **La Banque de France** : Une troisième expérience devait être tentée en 1800 : on devine que nous voulons parler de la création de la Banque de France. Conduite avec prudence, sous les auspices d'un gouvernement réparateur, l'opération a obtenu le succès le plus complet.

293. — **Billets de banque** : Le billet de banque est un titre de créance : 1° émis par une banque autorisée à cet effet; 2° à vue; 3° au porteur; 4° imprescriptible; 5° de valeur ronde; 6° doué d'une vertu libératoire (c'est-à-dire avec lequel on peut se libérer comme avec du numéraire et qui ne peut être refusé par un créancier lorsqu'il est offert en paiement).

294. — **Cours légal et cours forcé** : On exprime la nécessité imposée au créancier de recevoir en paiement le billet de banque en disant que ce billet a *cours légal*.

Il ne faut pas confondre le *cours légal* avec le *cours forcé*. Le billet qui a cours légal, doit toujours, à présentation, être remboursé en numéraire par la banque qui l'a émis. Le porteur d'un billet qui a cours forcé, ne peut en exiger le remboursement.

Les billets de la Banque de France n'ont que le

cours légal. Après la guerre de 1870-71, on leur donna momentanément le cours forcé : le grand crédit de la Banque de France fit que cette opération ne souleva pas la moindre difficulté.

295. — On appelle *monnaie de papier* le titre qui a cours légal et *papier-monnaie* celui qui a cours forcé.

« J'appelle, dit M. Cauwès, monnaie de papier, le papier convertible en espèces, et papier-monnaie, le papier qui est inconvertible »[1].

296. — **Diverses sortes de monnaie de papier :** La monnaie de papier peut être *représentative*, *fiduciaire* ou *conventionnelle*.

1° *Représentative* : lorsqu'elle correspond à une somme égale de numéraire déposée en quelque lieu, par exemple, aux caisses d'une banque ou dans le trésor d'un État (exemple : les *silvercertificats* des États-Unis).

2° *Fiduciaire* : lorsqu'elle représente une simple promesse de payer dont la valeur dépend de la solvabilité du promettant (Banque d'Angleterre avant l'acte Peel, Banque de France).

3° *Conventionnelle* : c'est celle que délivre un État sans numéraire et à laquelle il donne *cours forcé*; elle ne représente rien, puisque le titre est émis par un insolvable ; — et elle ne donne droit à rien, puisqu'elle a *cours forcé*. — C'est là le véritable *papier-monnaie* (Exemple : les assignats après qu'ils eurent dépassé dans des proportions insensées le gage hypothécaire auquel ils avaient d'abord correspondu).

1 M. Cauwès, Cours de doctorat de 1903-1904. — M. Bourguin à son cours.

297. — **Si la création de papier-monnaie équivaut à une création de richesse :** Les premiers créateurs de la monnaie de papier se figurèrent avoir découvert le grand œuvre ! On les a tournés en ridicule, disant que l'homme ne saurait faire quelque chose de rien !

Eh bien ! Adam Smith a démontré que ce jugement sévère n'est pas entièrement fondé. L'Etat qui émet une somme déterminée de papier-monnaie, rend disponible pour les placements à l'étranger une somme équivalente du numéraire *EXISTANT DANS LE PAYS : mais le maximum de cet accroissement de richesse ne peut dépasser le numéraire EXISTANT DANS LE PAYS.*

J'ai une pièce de vingt francs pour faire mon marché : on me donne un billet de vingt francs ; je ferai mon marché avec mon billet et je réserverai ma pièce pour acheter une valeur étrangère. — Mais si l'on me donnait un billet de cinquante francs, je n'aurais tout de même qu'une pièce de vingt francs pour la placer à l'étranger[1].

Quant aux billets émis, si l'on en augmente indéfiniment le nombre, le prix des marchandises nationales haussera en proportion (V. *infrà*, n. 298).

298. — **Dangers de l'emploi du papier-monnaie :** La preuve que tout n'est pas perdu parce que l'usage du papier-monnaie a partiellement remplacé celui de la monnaie métallique, c'est que la Russie et les Républiques de l'Amérique du Sud sont soumises à ce régime depuis

1 Gide, p. 271.

longtemps sans inconvénients graves pour leur situation financière.

Néanmoins, certains périls sont à redouter :

1° La prime de l'or.

2° La hausse du change : les créances sur l'étranger se paient en or, puisque l'or est une monnaie internationale : et, comme le fait très bien remarquer M. Gide, quand le papier-monnaie est déprécié, la recherche du papier sur l'étranger, n'est autre chose que la *recherche indirecte de l'or.* Étant très demandé, le papier sur l'étranger se paie cher : *il fait prime.*

3° La fuite de la monnaie métallique (conformément à la loi de Gresham).

4° La hausse des prix. Une paire de bottes, en 1796 se payait 4.000 francs en assignats. Cette hausse des prix n'est d'ailleurs qu'une fantasmagorie. Beaucoup de monnaie détestable et qui court le risque de perdre à un moment donné la totalité ou la plus grande partie de sa valeur, ne vaut pas mieux, tant s'en faut, qu'une quantité moindre de *bonne monnaie.*

299. — **Dédoublement des prix :** C'est ce que sentait le public à la veille de la banqueroute de 1797. La paire de bottes qui se payait, comme nous l'avons dit, 4.000 francs en assignats se donnait pour 140 francs de numéraire.

300. — **Systèmes divers d'émission du papier-monnaie :** On peut concevoir trois systèmes d'émission des billets de banque : 1° monopole exercé directement par l'État (Suède, Russie); — 2° monopole concédé par l'État à un établissement privilégié (France, Angleterre, Allemagne);

— 3° liberté admise au profit de toutes les banques d'émettre des billets sous certaines conditions (États-Unis).

Ce dernier système est désigné sous le nom de système de la *liberté des banques* et ne doit pas être confondu avec le système de la *liberté de l'émission* (*banking principle*), que nous examinons dans le paragraphe suivant[1]. ...

Le monopole exercé directement par l'État n'existe qu'en Russie et en Suède. Il n'est pas sans périls. L'État peut être tenté de subvenir à ses besoins par des émissions exagérées, — tenté aussi de donner le cours forcé à son papier. — Nous avons chez nous l'exemple des assignats.

301. — **Question de la liberté de l'émission :** La question se pose en ces termes : l'émission des billets doit-elle être limitée par le législateur, ou doit-elle être laissée libre ? C'est un problème sur lequel les économistes n'ont pu encore se mettre d'accord, et il n'existe pas moins de cinq systèmes sur la question.

302. — A. *Liberté de l'émission* (*Banking principle*) : *1er Système :* L'émission des billets doit être laissée entièrement libre.

2e Système : L'émission peut être laissée libre, mais les banques doivent garantir les billets qu'elles émettent par des valeurs sûres. — Ce second système est un système de *liberté des banques* plutôt qu'un système de liberté d'émission.

303. — B. *Réglementation de l'émission* (*Currency principle*, c'est-à-dire *principe de circulation*).

1 M. Cauwès, Cours de 1903-1904.

1er Système : Le chiffre des billets en circulation doit être limité au chiffre de l'encaisse : les billets sont, dans ce cas, des titres *représentatifs.*

2e Système : Une certaine proportion doit être fixée entre le chiffre de l'encaisse et celui des billets émis.

3e Système : L'émission ne peut dépasser un maximum fixé par la loi. — Dans le 2e et le 3e système, le billet de banque prend le caractère d'un titre fiduciaire.

304. — **Le « banking principle »** : Le *banking principle* fonctionne en Autriche-Hongrie. Il n'y a pas de maximum à la circulation.

Il en a été de même en France jusqu'en 1870. Le maximum de la circulation globale fut fixé alors que l'on était obligé de recourir au cours forcé.

Au premier abord on s'étonne de la situation d'une banque qui pourrait battre monnaie dans des proportions illimitées, et, on la voit inondant le pays de son papier.

Il faut en rabattre, disent les partisans du *banking principle.*

1° La banque n'émettra pas des billets pour une valeur supérieure à celle des effets qu'on présentera à l'escompte. On ne lui portera pas du numéraire pour le plaisir d'acheter « ses images ». — Elle échangera ses vignettes contre pareille somme de lettres de change ou de billets à ordre.

2° A l'échéance des valeurs négociées, les emprunteurs reprendront leurs titres, la banque ses billets. Ces derniers ne seront donc entrés dans la circulation que pour un temps très court,

3° Si le billet de banque était émis en quantité surabondante, il serait déprécié; et si peu qu'il le fût, les porteurs courraient aux guichets de la banque pour en demander le remboursement.

305. — On pourrait résumer d'un mot toute cette argumentation : L'émission d'un titre *qui n'a pas cours forcé* ne saurait jamais être bien dangereuse. Le titre, s'il n'inspire pas une confiance absolue, sera laissé pour compte à l'établissement émetteur, ou sera présenté sans tarder au remboursement par ceux que son cours légal aurait forcés de le prendre. Par conséquent, la circulation de ce titre ne sera jamais exagérée.

« Le frein de l'émission réside dans la pratique même des opérations de banque, d'où le nom de « principe de banque, *banking principle* » donné à ce système[1].

306. — **Régime des principaux Etats :** Le système de l'émission par l'État n'existe, comme nous l'avons dit, qu'en Suède et en Russie.

307. — En Belgique et en Suisse, la banque doit avoir une certaine encaisse proportionnelle à la circulation. Cette proportion est, en Belgique, d'un tiers et, en Suisse, de 40 0/0 des billets émis.

308. — En Angleterre, depuis 1844, l'acte Peel (proposition de sir Robert Peel) a limité l'émission de la banque au chiffre de son encaisse[2], sauf un découvert permis de 420 millions. La Banque d'Angleterre a donc une marge de 420 millions.

1 M. Cauwès, Cours de doctorat de 1903-1904.

2 L'encaisse de la banque d'Angleterre est représentée jusqu'à concurrence de 275 millions par une simple créance contre l'État.

— De plus dans les moments de crise, on suspend l'application de l'acte Peel.

309. — En Allemagne (sauf un découvert permis de 250 millions de marks), toute émission doit être représentée par une encaisse égale ou, sinon, est grevée d'un impôt de 5 0/0 sur la valeur émise. Cette précaution peut être considérée comme l'équivalent des restrictions stipulées en Angleterre par l'acte Peel.

310. — Aux États-Unis, ni monopole exercé directement par l'État, ni monopole délégué à un établissement particulier. Toutes les banques peuvent émettre des billets : c'est l'État qui les fabrique et qui imprime les vignettes au goût du banquier. Mais les banquiers sont tenus de déposer une somme en fonds américains égale ou supérieure à la valeur des billets qu'ils se font délivrer. — C'est un système fort dangereux pour l'État. En effet, s'il se produisait une panique, les banques, pour rembourser leurs billets, seraient obligées de demander à l'État la vente des titres déposés par elles en nantissement, et de cette masse de titres jetés sur le marché résulterait un effondrement de la rente américaine[1].

311. — *Banque de France :* Nous avons adopté en France, en ce qui concerne l'émission de la monnaie de papier, le système du monopole délégué à un établissement particulier, à une société privée « la Banque de France ».

La Banque de France a été créée par le premier consul en 1800 : elle ne se distinguait au début

1 M. Souchon, Cours de 1899-1900.

des autres banques que par ses attaches avec le Gouvernement. Mais, en 1813, on profita d'une crise commerciale pour enlever aux autres banques de Paris le droit d'émettre des billets de banque, et la Banque reçut le monopole de l'émission à Paris pour 15 ans. Les banques départementales émirent des billets jusqu'en 1848; leur absorption par la Banque de France fut prononcée par les décrets des 17 avril et 2 mai 1848[1].

312. — La Banque de France n'a jamais été soumise, en fait d'émission, à aucune réglementation. — Depuis 1883 seulement, on a établi un maximum d'émission (5 milliards), maximum d'ailleurs purement théorique, car il n'a jamais été atteint.

CHAPITRE III

LE CRÉDIT. LES BANQUES.

---

313. — **Définitions du crédit :** Le crédit est défini par Stuart Mill « la faculté de se servir du capital d'autrui ». D'après M. Gide, « le crédit est l'échange d'une richesse présente contre une richesse future[2] ». — « Donnant, donnant » c'est l'échange au *comptant*. — « Donnant, promettant » c'est l'échange à crédit. — Le crédit est

[1] Beauregard, p. 237.
[2] P. 330.

donc une variante ou, si l'on veut, une extension de l'échange.

314. — Les deux formes essentielles sous lesquelles se présente le crédit sont la *vente à terme* et le *prêt*.

315. — **Dangers du crédit. — Crédit à la production, crédit à la consommation :** Le crédit, dont le nom signifie *confiance*, est périlleux pour celui qui l'accorde quand sa confiance est mal placée. — Le créditeur (ou créancier) court le risque de n'être point payé ou remboursé ; de là les diverses sûretés créées par le législateur : cautionnement, gage, hypothèque.

Au point de vue économique, le crédit ne présente pas toujours des avantages; il faut distinguer entre le crédit à la production qui est fécond, et le crédit à la consommation qui est dangereux.

Si je prête à un homme laborieux et intelligent des capitaux qu'il engage dans une entreprise fructueuse, je ne courrai pas le risque de perdre les capitaux prêtés, et, d'autre part, la Société trouvera son compte à l'augmentation de production résultant de leur bon emploi. — Mais si je prête à un prodigue des richesses qu'il dissipera, — ou à un pauvre diable des ressources qu'il détruira sans rien produire, il y aura une perte pour moi, — et pour tout le monde.

316. — Il ne faut pas cependant trop assombrir le tableau. Le prêt à la consommation peut faire vivre pendant quelque temps un producteur dans la détresse, qui, s'il mourait de faim, ne produirait plus jamais. — D'autres fois, le crédit à la consommation est un moyen de simplifier les

comptes en évitant les paiements trop multipliés. On comprend très bien que l'on paie son boulanger tous les mois au lieu de le payer tous les jours[1].

317. — **Si le crédit peut créer des capitaux :** Le crédit peut enfanter de grands résultats (nous parlons du crédit à la production), mais c'est un paradoxe (il a été soutenu par Mac Leod) de prétendre qu'il double les capitaux et que 100.000 francs prêtés par *Primus* à *Secundus* valent 200.000 francs : les 100.000 francs aux mains de *Secundus* et la créance égale qui appartient à *Primus* (et dont *Primus* pourrait faire de l'argent en la cédant).

318. — Les créances des particuliers contre d'autres particuliers ou contre l'État ne peuvent être comptées dans le calcul de la fortune d'un pays.

319. — Mais si le crédit ne peut, par lui-même, créer des capitaux, il peut donner *aux producteurs qui l'empruntent le moyen de créer des capitaux* en faisant passer le capital de mains inhabiles à le faire fructifier en des mains plus capables.

320. — **Evolution du crédit :** Le crédit a passé par bien des phases depuis l'époque problématique où les créances étaient intransmissibles, depuis l'époque lointaine mais certaine où l'exécution se faisait sur la personne du débiteur, jusqu'à l'épanouissement complet de la cession de créance dans la transmission par endossement et dans la création des titres au porteur.

1 Conf. Gide.

Le système des cessions de créance et ses perfectionnements ont remédié au plus grand inconvénient du crédit : la privation pour le prêteur de la chose prêtée. — La cession de créances, surtout la *négociation* des titres de créance, permet au prêteur de ne pas se passer de sa chose sans cependant avoir à la réclamer à son emprunteur.

L'évolution du crédit a déterminé la création de certains intermédiaires que l'on appelle des *banquiers*.

LES BANQUES.

321. — *Rôle des banques :* Les banquiers ont pour rôle : 1° de faciliter les paiements; 2° de servir d'intermédiaires entre les prêteurs et les emprunteurs.

A. — COMMENT LES BANQUES FACILITENT LES PAIEMENTS.

322. — Les banques, pour faciliter les paiements, usent de deux procédés : le chèque, le virement (ou mandat de virement)[1].

323. — **Chèque :** Le chèque est un ordre de paiement rédigé sur une feuille détachée d'un carnet à souche et dont on se sert pour retirer soi-

[1] On ajoute parfois à ces deux procédés le compte courant, que nous ne mentionnons pas ici parce qu'il n'a rien de spécial aux banquiers; le compte courant suppose deux personnes appelées par leurs relations d'affaires à devenir successivement et réciproquement débitrices l'une de l'autre : ces deux personnes s'ouvrent un « compte courant », c'est-à-dire que, dans un compte général, elles font figurer toutes les sommes dont elles deviennent débitrices ou créancières l'une de l'autre, de telle sorte que chacune des parties n'est jamais créancière ou débitrice de l'autre que jusqu'à concurrence de la balance du compte. — Le compte courant est bien évidemment un moyen de simplifier les paiements.

même ou faire retirer par un tiers des fonds que l'on a dans une banque.

Le chèque est à ordre et se transmet par voie d'endossement.

324. — **Mandat de virement** : Le mandat de virement suppose que deux personnes, respectivement créancière et débitrice, ont un banquier commun. Sur l'ordre des intéressés, le banquier porte la somme due au *débit* de la partie débitrice, au *crédit* de la partie créancière[1].

325. — Si l'on examine ces deux opérations (chèque et mandat de virement), il est facile de se rendre compte que, par le moyen de la première, si le chèque a passé par plusieurs endossements successifs, un seul paiement éteint plusieurs dettes, — et que, par la seconde, une dette est éteinte sans déplacement d'un centime. — Le chèque et le mandat de virement ont donc bien pour effet de faciliter les paiements.

326. — Nous avons admis, pour rendre plus facile à comprendre le *virement de parties*, l'hypothèse où les deux parties créancière et débitrice ont un compte courant chez le même banquier ; — mais, à défaut de cette hypothèse qu'on ne peut considérer comme absolument fréquente, il suffit, pour que le virement puisse avoir lieu, que *les banquiers respectifs des deux parties aient eux-mêmes un banquier commun* sur les livres duquel s'opère le virement.

Tous les banquiers d'Angleterre ont un correspondant à Londres, et tous les banquiers de Lon-

1 Beauregard, p. 227.

dres ont un compte à la Banque d'Angleterre. Aussi le virement est-il, chez nos voisins, une pratique essentiellement usuelle[1].

327. — On conçoit que l'emploi du papier-monnaie, des chèques, des virements, restreigne singulièrement le rôle du numéraire dans les règlements.

328. — **Evolution régressive** : Pourrait-on arriver à supprimer la monnaie? Oui : par la compensation qui se produit dans le commerce international. Supposons que Londres doive à Vienne 100 millions, que Vienne doive une somme égale à Paris qui, lui-même est débiteur de Londres de pareille somme. Londres n'a qu'à céder à Vienne sa créance contre Paris, Paris et Vienne se trouvant réciproquement débitrices l'une de l'autre à concurrence de 100 millions, ces deux dettes s'éteindront par compensation. Il n'y aura à déplacer ni monnaie métallique, ni papier-monnaie. Tout ce règlement s'effectuera sans qu'il y ait besoin d'un centime de monnaie quelconque.

C'est qu'en effet, comme l'a si judicieusement observé J.-B. Say, « les marchandises s'échangent contre des marchandises ».

« Le perfectionnement de l'échange tend à nous ramener au troc » (Stanley Jevons).

C'est ce que les économistes appellent l'*évolution régressive*. L'humanité tourne donc dans un cercle? Vico avait été frappé de cette pensée, et l'on conserve à ces courbes fermées que dessine l'évolution économique le nom de *cercles de Vico*.

[1] M. Souchon, Cours de 1899-1900.

329. — **Clearing houses :** C'est à Londres surtout, dans les maisons de liquidation nommées *clearing houses*, que s'opèrent les immenses compensations sans lesquelles le commerce international serait rendu impossible par le déplacement des milliards de numéraire qu'il exigerait.

B. — COMMENT LES BANQUIERS SERVENT D'INTERMÉDIAIRES ENTRE LES PRÊTEURS ET LES EMPRUNTEURS.

330. — **Dépôts :** Les banquiers n'opèrent pas avec leurs seules ressources, mais aussi avec les fonds qui sont déposés par leurs clients. Les banquiers attirent ces dépôts en servant aux déposants un petit intérêt qui augmente d'importance à mesure que le délai stipulé pour le remboursement devient plus long.

C'est en ce sens que l'on peut dire que les banquiers servent d'intermédiaires entre les prêteurs et les emprunteurs[1].

331. — **Formes diverses du prêt par les banquiers :** Les banquiers prêtent :

1° Sous forme d'*avances sur titres*, c'est-à-dire en se faisant donner en nantissement des valeurs mobilières (titres de rente, actions, obligations).

2° Sous forme d'*ouverture de crédit* avec ou sans garantie hypothécaire. — On appelle ouverture de crédit « la convention par laquelle un banquier s'engage à fournir à un de ses clients, au-fur-et-à mesure de ses demandes, une somme dont le maximum est fixé par l'accord intervenu entre les parties contractantes[2] ».

1 Beauregard, p. 228-229.
2 *Ibid.*

332. — **Escompte :** 3° Sous forme d'*escompte* d'effets négociables (lettres de change, billets à ordre, chèques).

On appelle *escompte* le paiement anticipé des billets à ordre, lettres de change et warrants. Le vendeur à terme, le prêteur qui possède un titre de ce genre et qui a besoin d'argent avant l'échéance de l'effet, le porte chez son banquier, et celui-ci lui en paie le montant, sauf retenue d'une petite somme pour l'intérêt à courir jusqu'à l'échéance et l'indemnité de ses risques[1].

333. — L'ensemble des créances d'un banquier s'appelle son « portefeuille ».

C. — DE QUELQUES FORMES PARTICULIÈRES DE CRÉDIT.

334. — **Crédit foncier** : Repose sur la garantie hypothécaire : — le « Crédit foncier de France », dont les opérations ont précisément pour base cette garantie, a été fondé en 1852.

Son système très ingénieux consiste dans le remboursement par voie d'annuités très modérées du capital emprunté.

L'argent que prête le Crédit foncier lui est fourni par des porteurs de titres appelés « obligations foncières » ou « lettres de gage ». Le Crédit foncier emprunte d'une main et prête de l'autre. Au lieu que chaque obligataire ait pour garantie une hypothèque déterminée, la somme des obligataires qui ont confié leurs fonds au Crédit foncier a pour garantie collective la somme des hypothèques consenties par les emprunteurs[2].

1 Beauregard, p. 229.
2 Beauregard, p. 239.

335. — *Institutions similaires en Allemagne :* L'Allemagne a, pour ainsi dire, la monnaie de notre Crédit foncier :

1° Les banques des États;

2° Les sociétés privées faisant le prêt hypothécaire. (Une société analogue, « la Banque d'escompte », avait été créée, à un moment donné dans notre pays par le baron de Soubeyran pour faire concurrence au Crédit foncier);

3° Les *Landeskulturbanken*, qui ne prêtent qu'en vue d'améliorations agricoles;

4° Les *Landschaften*, associations de grands propriétaires, qui empruntent collectivement sur l'ensemble de leurs propriétés des capitaux qu'ils prêtent individuellement aux membres de la *Landschaft* qui en ont besoin[1].

336. — **Crédit agricole :** Le crédit agricole (avances à l'agriculture) peut reposer : 1° sur le fonds d'exploitation (matériel, bétail, récoltes, rentrées); — 2° sur la simple solvabilité de l'emprunteur (fortifiée généralement par la solidarité dans l'association).

Une loi du 3 novembre 1894 a facilité aux syndicats agricoles la création de sociétés de crédit agricole, mais ces sociétés ne devront point distribuer de dividendes.

337. — Une autre loi du 31 mars 1899 a créé des *caisses régionales* pour aider les sociétés de crédit agricole en les dotant d'un capital de 40 millions prêté par la Banque de France sans intérêt[2].

1 Maurice Block, *Une crise de la propriété rurale en Allemagne et l'organisation du crédit agricole*, p. 165-169.

2 Gide, p. 369-370.

338. — **Warrants agricoles** : Les récoltes, en vertu d'une loi du 18 juillet 1898, peuvent être données en gage par un agriculteur sans sortir de ses greniers, au moyen d'un titre *négociable* qui reçoit le nom de *warrant*. — Jusqu'à présent, les agriculteurs n'ont guère usé de cette institution[1].

339. — **Banques Raiffeisen** : Les banques Raiffeisen d'Allemagne sont des sociétés de crédit mutuel entre propriétaires se prêtant mutuellement entre eux et se servant aussi du crédit que leur confère l'association pour se faire prêter par les tiers dans des conditions plus avantageuses.

Les banques Raiffeisen présentent ces particularités que :

1° Les associés n'apportent aucune mise dans la société, ni capital, ni actions;

2° Aucun dividende n'est servi, les profits restent au fonds indivisible;

3° Tous les associés sont solidairement responsables sur tous leurs biens[2].

340. — **Banques populaires** : Les banques Raiffeisen ne doivent pas être confondues avec les banques populaires du système Schulze-Delitzsch, appelées aussi « Sociétés coopératives de crédit ». Si, comme les banques Raiffeisen, elles ont pour caractère la solidarité illimitée des associés, à la différence des banques Raiffeisen, elles distribuent des dividendes[3].

A remarquer : en Écosse, ce sont les banques

1 Planiol, *Traité élémentaire de droit civil*, t. 2, n. 2710-2717.
2 Gide, p. 369-370.
3 *Ibid.*, 370.

ordinaires qui font l'office des banques populaires, — et cela avec un plein succès.

Le mouvement du crédit populaire, dont le R. P. Ludovic est le grand propagateur, n'a pas réussi à s'implanter en France[1].

CHAPITRE IV

LE COMMERCE.

SECTION I

Du commerce en général.

341. — **Les marchands :** Pour faciliter l'échange, il fallait non seulement créer une monnaie, mais aussi former une catégorie d'intermédiaires dont le rôle serait de se mettre successivement en rapports avec le producteur d'abord, puis avec le consommateur, dans le cas où un rapport direct entre le producteur et le consommateur serait impossible ou seulement difficile à établir.

Ces intermédiaires sont les « marchands » — ou les « commerçants » — ou les « négociants » ; les trois expressions sont synonymes. — L'achat pour revendre, qui constitue leur occupation, est le « commerce ».

Le commerce est dit « extérieur », lorsque les

1 Le P. Ludovic est un franciscain ; faut-il admettre une corrélation quelconque entre sa robe et le silence qui enveloppe son nom ?

produits achetés dans un pays sont vendus au delà de ses frontières, — « intérieur », lorsque les produits sont achetés et vendus dans un même pays.

342. — **Évolution historique du commerce :** Les marchands ont passé par plus d'une transformation : le type originaire fut le marchand ambulant auquel a succédé le boutiquier.

Les boutiquiers se sont divisés en marchands en gros et marchands au détail.

Aujourd'hui, la rapidité des moyens de communication, l'usage des commis-voyageurs permettent au producteur de se mettre en rapport direct avec le consommateur, — et nous croyons, pour notre part, que les marchands en gros sont appelés à disparaître.

Sera-ce une mauvaise chose? Non, car la multiplicité des intermédiaires grève la marchandise de frais très lourds au détriment des consommateurs. Ce que nous payons aux intermédiaires dépasse probablement de beaucoup ce que nous payons à l'État pour les impôts.

Ces frais-là, d'ailleurs, ne disparaîtront jamais complètement, remplacés qu'ils seront par les frais de voyageurs et de publicité.

SECTION II

Le commerce intérieur.

343. — **Le commerce en gros et la spéculation :** Le négociant, dont l'occupation consiste à acheter les marchandises par grosses portions à ceux qui les fabriquent ou qui les font venir d'ailleurs pour les revendre par petites por-

tions aux consommateurs, fait le *commerce de détail*[1].

Celui qui fait venir et centralise de grosses quantités de marchandises pour les vendre aux marchands de détail qui approvisionnent chez lui leurs boutiques fait le *commerce de gros*[2].

344. — Celui qui achète dans un temps pour revendre au même lieu dans un autre temps fait le *commerce de spéculation*[3].

345. — Il conviendrait de s'arrêter un instant au commerce de spéculation dont le mécanisme, bien que très connu, n'est pas aussi facile à saisir que celui du commerce de gros et de détail.

« Sans avoir l'intention de déplacer sa marchandise, sans vouloir la mettre plus à la portée des consommateurs, un spéculateur achète des cafés, par exemple, lorsqu'ils lui paraissent à très bas prix, à un prix tel qu'il ne présume pas que cette marchandise baisse davantage, et il n'a d'autre dessein que de la revendre lorsqu'elle aura renchéri[4] ». C'est une spéculation.

346. — La spéculation est-elle utile à la société? Oui, en ce sens que les achats du spéculateur quand une marchandise baisse l'empêchent de tomber trop bas, et que ses reventes quand elle hausse (en augmentant l'offre), l'empêchent de monter trop haut. C'est pour cela que l'on a pu dire que la *spéculation était le régulateur du marché*[5].

1 J.-B. Say, *Cours complet*, t. 1, p. 310.
2 *Ibid.*
3 *Ibid.*
4 *Ibid.*
5 J.-B. Say, *op. cit.*, t. 2, p. 319 et 320.

347. — **Bourses de commerce :** L'État a favorisé le commerce de gros par la création des *bourses de commerce.*

Ce nom sert à désigner à la fois la réunion des commerçants et le local où elle se tient. — Ces réunions de commerçants sont régies par des lois et des arrêtés de l'an IX et de l'an X.

Le Gouvernement a le droit de créer et de supprimer les bourses. Il en a la police : c'est-à-dire qu'il est chargé d'y maintenir la tranquillité et le bon ordre et d'en empêcher l'entrée aux personnes auxquelles elle est interdite.

348. — **Marchés à terme :** Les marchés à terme sont, par définition, des marchés qui ne sont pas destinés à s'exécuter immédiatement. Primus vend le 10 janvier à Secundus dix mille hectolitres de blé qui ne seront livrables et payables qu'à la fin du mois. C'est un marché à terme. Ces marchés peuvent facilement dissimuler un simple pari sur les cours; il peut bien se faire (et c'est même ce qui arrive presque toujours) que Primus n'a point les dix mille hectolitres de blé qu'il a vendus à Secundus, et qu'il compte, pour se les procurer, sur une baisse qui, avant la fin du mois, lui permettra de les acheter à un cours inférieur à son prix de vente.

Or le jeu et le pari sont défendus.

La légalité des marchés à terme devait donc être et a été contestée. Ces marchés ont été déclarés licites par une loi du 28 mars 1885, qui les considère comme sérieux tant que leur caractère de pari n'a pas été démontré par des preuves convaincantes[1].

1 La jurisprudence exigeant que ces preuves soient écrites, il en résulte que les marchés à terme sont validés presque dans tous les cas.

349. — **Accaparements :** L'accaparement est l'opération qui consiste à épuiser le marché par d'énormes achats et à profiter ensuite de cette disette factice pour revendre à des prix très élevés la marchandise ainsi acquise.

350. — La Révolution n'était pas tendre pour les accapareurs ; elle les punissait de mort ; — et elle en profita pour envoyer à l'échafaud les producteurs qui ne voulaient pas échanger leurs céréales contre un prix de vente dont la Convention avait fixé le maximum, et qui se soldait en assignats, c'est-à-dire au moyen d'un papier sans valeur.

Ces prétendus accapareurs, — ainsi que les véritables, étaient poursuivis « comme des animaux furieux et pervers (!!!) ».

351. — On ne guillotine plus les accapareurs ; mais l'accaparement, — et à côté de lui les coalitions de producteurs destinées à procurer la hausse du prix des marchandises sont punis par l'art. 419 du Code pénal. — C'est la disposition de cet article qui empêche les trusts et les cartells de s'introduire dans notre pays (V. *suprà*, n° 252)[1].

352. — **Commerce de détail :** Les commerçants au détail vendent aux consommateurs les marchandises qu'ils achètent à meilleur compte soit aux marchands en gros, soit aux producteurs eux-mêmes. Il va sans dire qu'entre le prix de vente en gros et le prix de la vente au détail il y a un écart qui constitue le bénéfice du marchand au détail.

353. — Il s'est produit dans le commerce de dé-

1 Conf. *L'accaparement* par F. Laur, avec préface de M. Méline.

tail la même concentration, caractéristique de notre époque, que dans l'industrie, la banque... Le Louvre, le Bon Marché, le Printemps, etc., sont, comme on le sait, d'immenses magasins de détail.

354. — Les grands magasins ont naturellement pour détracteurs les petits commerçants qu'ils condamnent à la disparition ou à la ruine. Les arguments qui sont présentés contre eux ou pour leur défense, sont ceux que nous avons déjà formulés en ce qui concerne la grande et la petite industrie (V. *suprà*, n. 132).

355. — **Intervention de l'Etat :** L'État, sans prendre parti dans la querelle entre les grands et les petits magasins, a donné à ces derniers une légère satisfaction par une série de lois dont la dernière est celle du 28 avril 1893. Des dispositions législatives de 1880, de 1889, de 1890 avaient déjà proportionné certaines patentes non plus au prix du loyer, mais au nombre des employés.

Aux termes de la loi de 1893, les grands magasins paient pour chaque employé au-dessus de dix, une taxe supplémentaire qui varie suivant la population de la ville où ces magasins sont établis.

Les magasins qui comptent plus de 200 employés, paient une taxe additionnelle de 10 francs par centaine et par tête d'employé.

Supposons par exemple que les employés soient tarifés à 25 francs par tête;

Tout employé au-dessus du chiffre de 200 et au-dessous de 300 sera taxé à 35 francs (25 + 10). — Au-dessus de 300 et au-dessous de 400, la taxe sera de 45 francs par tête (25 + 10 + 10) et ainsi de suite.

De plus, les grands magasins doivent acquitter un droit fixe pour chacune des spécialités qu'ils exploitent.

SECTION III

Le commerce extérieur.

356. — **Avantages de l'échange international :** Ces avantages doivent être étudiés distributivement.

357. — A. *Avantages des importations :* 1° Accroissement de bien-être quand il s'agit de richesses que le pays ne pourrait produire à raison de la nature de son sol ou de son climat.

2° Abaissement au profit des consommateurs du prix des marchandises que le pays ne produisait pas en quantité suffisante. « Ce qui entre au lieu de ce qui sort, dit Jean Bodin, cause le bon marché de ce qui défaillait ».

3° Économie de travail, dans le cas où il s'agit de richesses qui pourraient être produites par le pays importateur, mais ne pourraient l'être qu'avec plus de frais que dans le pays d'origine. — Pendant ce temps, le pays importateur se consacrera à la production qui convient le mieux à son sol, et avec ces produits, il paiera les produits importés. — C'est ce qui a fait dire aux individualistes qu'il existait une « division internationale du travail ».

358. — B. *Avantages des exportations :* 1° On peut, grâce à l'exportation, tirer parti de certaines richesses naturelles ou forces productives qui seraient inutiles, ou tout au moins surabondantes si elles

ne s'écoulaient au dehors. Sans l'exportation, le Pérou ne saurait que faire de son guano, le Brésil de son quinquina....

2° L'exportation est un facteur puissant du développement de l'industrie nationale. Les progrès de la grande production sont en raison directe de l'étendue des débouchés. Ce qui fait que l'Angleterre a poussé si loin le perfectionnement de son outillage industriel, c'est qu'elle exporte dans le monde entier.

359. — **Inconvénients de l'échange international :** Toute médaille a son revers : le commerce international rend inutiles certaines catégories de travailleurs. Le jour où l'importation des soies de Chine est devenue facile et à bon marché, les magnaneries des Cévennes ont été gravement atteintes. — La concurrence des blés du Far-West a porté un grave préjudice à nos producteurs de froment.

QUESTION DU LIBRE ÉCHANGE ET DE LA PROTECTION[1].

360. — **Historique :** La préoccupation initiale du mercantilisme était le moyen de se procurer du numéraire. Le progrès des idées économiques, avant même que l'économie politique fût constituée à l'état doctrinal, en fit naître une autre qui est encore celle de l'école de l'économie nationale : la préoccupation de *mettre le pays en état*

1 A ceux qui voudraient tout à la fois approfondir le problème et se donner une jouissance de dilettantes, nous recommandons les *Conversations sur le commerce des grains* de M. de Molinari.

de se suffire à lui-même, ce qui est le fond de l'idée protectionniste.

361. — Le système protecteur, que l'on a désigné sous le nom de *Colbertisme*, a régné sans conteste jusqu'à l'apparition des économistes. Ceux-ci défendirent le principe « laissez faire, laissez passer ». Mais la Révolution, qui l'aurait volontiers adopté, fut rejetée vers le système protectionniste par l'assaut général des puissances européennes contre lequel elle eut à se défendre.

L'Angleterre avait déclaré les côtes de France bloquées depuis l'embouchure de la Bidassoa jusqu'aux bouches de l'Elbe. Napoléon riposta par le décret de blocus continental. Ce n'était pas dans des circonstances aussi violentes, que les théories libre-échangistes pouvaient faire fortune.

Une fois le calme revenu après 1815, elles ne triomphèrent point encore : « Le terrain se trouva préparé pour les idées antilibérales. La théorie de la prohibition apparut alors. On ne craignit pas d'affirmer qu'il est de droit politique et social que les fabricants français aient le droit exclusif de fournir à la consommation du pays. La Restauration accueillit ces revendications et des tarifs formidables furent édictés[1] ».

362. — *Échelle mobile :* Pour les céréales, on adopta le système de l'*échelle mobile* qui se proposait d'établir des tarifs tels que le prix du blé resterait constant pendant de longues périodes. Dans les bonnes années on abaissait les tarifs à la sortie et on les élevait à l'entrée. Au contraire, si la

1 Beauregard, *Éléments d'écon. pol.*, p. 276.

récolte était mauvaise, on élevait les barrières à la sortie et on les abaissait à l'entrée[1].

363. — *Ligue de Manchester :* Ce fut en Angleterre que commença le mouvement libre-échangiste : dès 1834 Cobden avait fondé la « ligue de Manchester » (*anticornlaw league*). Cette ligue, à son début, ne comptait que sept membres, parmi lesquels le quaker Bright qui, plus tard, fut président du *board of trade* dans un ministère Gladstone[2]. La campagne fut ouverte par les attaques violentes de Cobden contre les droits sur les blés.

« C'était alors, en effet, un spectacle particulièrement odieux que de voir les lords d'Angleterre, propriétaires par droit de conquête de presque toute la terre du royaume, repousser le blé étranger pour vendre plus cher le leur[3] ».

L'Angleterre hésita longtemps et il fallut à Cobden dix années pour vaincre les résistances des protectionnistes. Enfin, en 1843, des meetings nombreux réclamaient de tous côtés la liberté commerciale; en 1845, le ministre Robert Peel, jusque-là grand adversaire des libre-échangistes, était converti : il acceptait la réforme et la faisait voter en 1846[4].

364. — Bastiat se fit en France l'apologiste des doctrines de Cobden[5] et essaya de fonder à Bordeaux une ligue analogue à celle de Manchester.

365. — *Traité de 1860 :* L'adoption du libre-échange en France fut un acte d'initiative person-

1 M. Souchon à son cours 1900-1901.
2 Rambaud, *Hist. des doctrines écon.*, p. 215.
3 Gide, p. 306.
4 Beauregard, *Éléments d'écon. polit.*, p. 276.
5 F. Bastiat, *Cobden et la ligue.*

nelle de Napoléon III (traité avec l'Angleterre du 23 janvier 1860). — L'empereur avait été converti au libre-échange par Michel Chevalier, l'ancien Saint-Simonien devenu conseiller d'État, puis sénateur[1]. L'expérience a duré 30 ans.

366. — *Traité de Francfort. — Dénonciation des traités de commerce :* Après la guerre de 1870-71, par le traité de Francfort, la France et l'Allemagne s'attribuèrent réciproquement « le traitement de la nation la plus favorisée ». Or, cette prétendue réciprocité était loin de créer aux deux pays une situation égale. La France avait des traités de commerce avec la plupart des nations européennes, l'Allemagne n'en avait pas. La France accordait donc à l'Allemagne un traitement favorable en échange d'un traitement défavorable : elle ouvrait sa frontière tandis que l'Allemagne tenait la sienne close. De là une réaction violente contre le libre-échange : en 1892, les traités de commerce ont été dénoncés et notre pays est entré dans la voie du protectionnisme.

367. — *Tarifs :* Depuis le 1er février 1892, à la suite de la dénonciation des traités, la France a établi deux tarifs : le tarif *minimum* et le tarif *maximum*. Tous deux sont très élevés sans l'être également. Le tarif minimum n'est accordé qu'aux pays qui concèdent à la France le traitement de la nation la plus favorisée[2].

368. — **Discussion de la protection et du libre-échange :** L'économie nationale, — et plus généralement les écoles historiques, admet-

1 Rambaud, *Histoire des doctrines économiques*, p. 218.
2 Beauregard, *op. cit.*, p. 217.

tent que le régime commercial de chaque pays doit être approprié à sa situation particulière.

369. — *Arguments des protectionnistes* : 1° La concurrence étrangère décourage les producteurs nationaux. — Cela s'est produit notamment chez nous pour les laboureurs qui, se sentant dans l'impuissance de lutter, ont déserté la campagne pour refluer sur les villes.

2° Le libre-échange sacrifie l'intérêt national à un prétendu intérêt général.

3° Les droits de douane perçus sur les étrangers dégrèvent d'autant nos nationaux : les droits protecteurs sont un véritable impôt sur les étrangers (cet argument d'ailleurs très faible, pour ne rien dire de plus, a été produit à la tribune de la Chambre, le 28 février 1898, par M. Méline).

4° Le libre-échange, en faisant aux nations une nécessité de se spécialiser, (nous allons voir que cette nécessité est signalée par les libre-échangistes comme un avantage[1]) rend plus difficile leur existence en cas de guerre[2].

370. — *Arguments des libre-échangistes* : 1° Il n'est pas vrai que les droits protecteurs soient un impôt payé par l'étranger. En s'exprimant ainsi, on ne tient compte que de l'*incidence directe* de l'impôt et non de son *incidence indirecte* (ou répercussion). Les droits de douane finissent toujours par retomber sur les consommateurs.

2° La guerre de tarifs tend les relations entre

1 *Infrà*, n° 370.

2 M. Souchon, Cours de 1899-1900. — Le système protectionniste est celui de List, de Carey, de l'école dont ils sont les chefs, « l'école de l'économie nationale ».

les peuples et entretient des froissements, qui ne sont pas sans péril.

3° Toute importation appelle une contre-partie, car le commerce international tend toujours au troc : en conséquence, *on ne ralentit pas les importations sans ralentir les exportations.*

4° La liberté, en suscitant la concurrence internationale, permet seule de tirer du commerce extérieur tous ses avantages. Dans chaque pays, on renoncera aux industries qui rencontrent plus d'obstacles, pour développer celles pour lesquelles on possède une supériorité naturelle. Il se produira une division internationale du travail[1].

371. — La discussion n'est pas près d'être close, car il y a du vrai dans les deux thèses : — peut-être faut-il dire avec M. Gide que la protection est une nécessité transitoire, un régime de paix armée, — qu'on peut protéger telle ou telle industrie, — mais que la protection ne peut être érigée en système permanent ou en système général.

372. — **Système de Patten** : Signalons toutefois le système du professeur américain Simon Patten qui considère le régime protectionniste non plus comme un régime éducateur (V. *infrà*, n° 375), mais comme le régime normal des nations fortes. — Ce sont les idées de Patten qui prévalent dans la politique des États-Unis, politique dont le président Mac-Kinley était naguère le champion[2].

373. — L'Angleterre, après avoir été le pays

[1] Beauregard, p. 272-278. — Gide, p. 314-319.
[2] M. Deschamps, Cours de 1901-1902.

libre-échangiste par excellence, tend en ce moment à revenir au système de la protection.

374. — **Comment s'exerce la protection au profit des produits nationaux :** Les produits nationaux sont protégés contre la concurrence étrangère par des droits à l'importation dont la qualification varie suivant leur but et leur importance.

375. — *Droits éducateurs :* Les droits éducateurs sont des droits provisoires établis pendant la période de développement d'une industrie jeune et destinés à disparaître quand cette industrie aura acquis la vigueur nécessaire pour se défendre elle-même.

La protection ainsi comprise est appelée par List *infant protection*[1].

376. — *Droits compensateurs :* Lorsque certains produits d'un pays sont grevés de charges plus lourdes que les produits similaires de pays étrangers, il peut sembler nécessaire, pour rétablir l'égalité dans la concurrence, de grever à la frontière les produits étrangers de droits représentant l'équivalent des charges supportées par les nationaux. Les droits d'importation reçoivent le nom de *droits compensateurs*.

Supposons, par exemple, la concurrence entre la bière française qui paie un droit de fabrication et la bière d'un pays où il n'existerait point de droit analogue, la partie ne serait pas égale entre nos brasseurs et leurs concurrents étrangers. Faites payer à la bière étrangère un droit d'importa-

[1] Colbert disait qu'il fallait soutenir les industries qui commencent avec « les béquilles de la protection ». M. Cauwès, Cours de 1901-1902.

tion égal à notre droit de fabrication, et l'équilibre sera rétabli

377. — *Droits prohibitifs :* Lorsque les droits de douane, au lieu d'égaliser les conditions de la concurrence entre les nationaux et les étrangers, sont assez lourds pour rendre impossible la concurrence des marchandises étrangères, ils prennent le nom de *droits prohibitifs.*

378. — **Modes de calcul des droits à l'importation :** le mode de calcul varie suivant les états.

379. — *Droits spécifiques :* Les droits *spécifiques*, seuls usités en France, sont fixés par la loi (par un *tarif*) pour chaque catégorie (*speciès*) de marchandises.

380. — *Droits* AD VALOREM : Ce sont des droits proportionnels à la valeur déclarée des marchandises. Les fausses déclarations, que les expéditeurs seraient tentés de faire pour payer moins cher, sont réprimées par le droit de *préemption* de l'administration des douanes qui peut toujours prendre pour elle la marchandise au prix déclaré.

381. — **Admissions temporaires et drawbacks :** Les droits protecteurs manqueraient leur but s'ils empêchaient les marchandises étrangères qui doivent seulement traverser la France d'emprunter nos lignes (cela aboutirait à la perte du transport), — à plus forte raison, s'ils empêchaient l'introduction des matières premières nécessaires à nos industries : on recourt en pareil cas au système des *acquits à caution* ou au système des drawbacks.

382. — Dans le premier système, les marchan-

dises sont importées sans acquitter les droits, à charge par le destinataire de donner caution de les exporter dans un délai déterminé.

Cela s'applique surtout aux matières premières qui doivent être manufacturées en France et réexportées ensuite.

383. — Dans le système des *drawbacks*, les droits sont payés à l'entrée et restitués à la sortie.

384. — **Entrepôts** : Les entrepôts sont de vastes magasins qui sont considérés comme territoires neutres. Toute marchandise que l'on y dépose est provisoirement dispensée de la taxe; si elle en sort pour reprendre le chemin de l'étranger, elle est dispensée du droit d'importation : elle a au contraire à l'acquitter si elle est consommée ou vendue dans le pays.

385. — L'entrepôt peut être *réel*, mais on a imaginé aussi l'entrepôt *fictif* : un négociant français est autorisé à recevoir des marchandises dans ses magasins sans payer les droits, mais à charge de les représenter à toute réquisition et de ne pas les déplacer sans autorisation[1].

386. — **Traités de commerce** : S'entendre avec les autres nations est ce que peut faire de mieux un peuple qui, sans oser aller jusqu'à la liberté commerciale absolue, ne veut pas la prohibition. On se fait des concessions réciproques, et l'on aboutit finalement à un abaissement de la moyenne des droits d'entrée[2] ».

C'est le régime des traités de commerce.

1 Beauregard, *Élém. d'éc. pol.*, p. 279.
2 Beauregard, *op. cit.*, p. 277.

387. — Les traités de commerce présentent l'avantage :

1° D'assurer, au grand profit des transactions commerciales, la fixité des tarifs pendant une période de temps connue ;

2° De permettre la différentiation des droits suivant les pays avec lesquels on traite, tandis que le tarif des douanes est uniforme. Mais cet avantage se trouve souvent annulé en fait par la clause de « la nation la plus favorisée » devenue de style dans tous les traités[1] (V. *suprà*, n° 366).

388. — Nous avons des traités avec l'Allemagne, l'Autriche, l'Italie, la Suisse, la Belgique. Ainsi se trouve constituée une sorte d'Union douanière de l'Europe centrale[2].

389. — **Primes :** Les libre-échangistes proposent d'*organiser la protection sans droits protecteurs* en favorisant la production nationale par des encouragements : primes à la production, primes à l'exportation, réduction d'impôts. — C'est ainsi que l'Allemagne, pour encourager sur son territoire la fabrication du sucre de betteraves, accordait une prime aux industriels allemands qui exportent ce produit au dehors[3].

Le système des primes a été expérimenté chez nous au profit des constructeurs de la marine marchande et n'a pas donné de résultats appréciables.

390. — Rappelons ici que la hausse du change

1 Gide, p. 822 à la note.
2 *Ibid.*
3 Beauregard, *op. cit.*, p. 278. — Gide.

agit dans certains cas comme une véritable prime à l'exportation (V. *infrà*, n° 394).

CHAPITRE V

LES COMPTES INTERNATIONAUX. LE CHANGE.

---

391. — **Balance du commerce :** On appelle balance du commerce le rapport qui, dans un pays déterminé, existe entre la valeur des importations et celle des exportations.

Une idée très fausse et très répandue c'est que, lorsque les importations d'un pays excèdent ses exportations, ce pays court à sa ruine. Cela semble juste au premier abord. Lorsque le pays A exporte 500 millions de marchandises dans un pays B et le pays B importe dans le pays A un milliard de marchandises, on pourrait croire que le pays B se trouvera enrichi, le pays A appauvri de cinq cents millions.

Eh bien! on a constaté qu'après une période de dix ans, pendant laquelle elle n'avait cessé d'importer plus qu'elle n'exportait, la France, loin d'être appauvrie, s'était trouvée plus riche de 600 millions!

392. — C'est qu'en basant les calculs uniquement sur la valeur des marchandises qui passent la frontière, soit pour entrer dans le pays, soit

pour en sortir, on avait négligé des éléments essentiels du problème.

Il y a, en effet, des valeurs dont l'entrée dans le pays ne se révèle pas à la douane, par exemple :

1° Les frais de transports des marchandises;

2° Les intérêts des capitaux placés à l'étranger;

3° Les dépenses faites par les étrangers passant ou résidant dans le pays[1].

393. — **Balance des comptes :** Ce qui fixe la situation d'un pays, ce n'est pas la *balance du commerce*, mais bien la *balance des comptes*. Le commerce extérieur d'un pays est en équilibre non point quand il y a égalité entre ses importations et ses exportations mais quand il y a égalité entre *ses créances* et *ses dettes*.

Un pays, tout comme un particulier, est en voie de se ruiner, quand il a, tout compte fait, plus à payer à l'étranger qu'à en recevoir[2].

394. — Cette situation, toujours périlleuse, comporte néanmoins des atténuations qui se produisent d'une façon pour ainsi dire automatique.

Lorsqu'un pays A est débiteur d'un pays B, dans ce pays A, les lettres de change sur B (le papier sur B, comme l'on dit ordinairement) sont rares et se vendent cher. De là une source de bénéfices pour les industriels ou négociants de A qui ont des créances contre les négociants de B.

D'autre part, le numéraire s'épuise dans le pays débiteur (A dans l'espèce) : les marchandises y baissent. Aussitôt, l'étranger qui, naturellement, court au meilleur marché, y vient faire ses

1 Conf. Beauregard, p. 260-261.
2 Gide, p. 292.

achats : autre cause de bénéfice et de relèvement.

C'est ce qui s'est passé en France après la guerre de 1870-1871. La France était débitrice envers l'Allemagne des cinq milliards de la rançon de guerre. Le Gouvernement, pour éviter des envois de numéraire, recherchait et achetait très cher le papier sur l'Allemagne.

Cela permettait à nos industriels de baisser dans une proportion importante les marchandises qu'ils fournissaient à l'Allemagne : ils se rattrapaient sur la vente du papier ; et cette baisse de prix déterminait un courant d'importation de France en Allemagne.

La *balance des comptes* tend, comme on le voit, à se remettre d'elle-même en équilibre[1], et cela par les variations du « cours du change ».

395. — **Change** : Le change est le trafic du papier sur l'étranger. Ce papier est acquis par les négociants qui ont des paiements à faire à l'étranger et qui veulent s'éviter un envoi de numéraire.

Supposez que je doive 1.000 marks à un négociant de Berlin. Au lieu de lui adresser 1.000 marks en or, je pourrai lui faire tenir une traite de 1.000 marks tirée par un créancier français sur un débiteur de Berlin. Mon créancier berlinois encaissera les 1.000 marks dus par son compatriote au mien et nous serons quittes. Mais cette lettre de change de 1.000 marks tirée par un Français sur un Berlinois, où la trouverai-je? Où pourrai-je l'acheter?

Chez un banquier. Ce sont les banquiers qui font le *change du papier*, — opération qu'il ne faut pas confondre avec le *change des espèces métalli-*

1 Gide, *loc. cit.*

ques qui constitue le commerce des *changeurs*.

396. — Le marché du change subit la loi de l'offre et de la demande : le papier sur l'étranger se vend plus ou moins cher suivant qu'il est plus ou moins rare, suivant que *les créances de la France sur l'étranger font ou non équilibre à ses dettes*.

Si la France est débitrice, le change est *défavorable* et le papier se vend au-dessus du pair (ainsi une lettre de change de 100 francs tirée de France sur le pays créancier se vendra, par exemple, 100 fr. 50); si la France est créancière, le change est *favorable* (et la lettre de change de 100 francs se vendra, par exemple, 99 fr. 50).

Ainsi la livre sterling (£) vaut 29 fr. 25 de notre monnaie. Quand sur l'Angleterre les traites sont chères, par exemple, 25 fr. 30 par £, on dit que le change est « défavorable »; quand la £ est cotée 29 fr. 15, le change est dit « favorable[1] ».

L'achat du papier étranger est un moyen indirect de se procurer de la monnaie étrangère pour payer une dette à l'étranger sans avoir à faire une expédition de numéraire qui coûterait plus cher.

397. — Entre deux pays à étalon d'or, le change n'atteint jamais un cours très élevé. L'or étant une monnaie *universelle*, un débiteur ne payera jamais une lettre de change sur l'étranger plus cher que ne lui coûterait un envoi de numéraire. Ainsi l'envoi d'or de France en Angleterre coûte à peu près 0 fr. 10 par £. Il ne viendra donc pas à l'idée d'un négociant de Paris d'acheter du papier sur Londres avec une majoration de plus de 0 fr. 10 par £[2].

1 M. Cauwès, Cours de 1903-1904.
2 *Ibid.*

398. — Mais si, de deux pays en relations d'affaires, l'un a une monnaie d'or et l'autre une monnaie dépréciée, argent ou papier-monnaie, les variations du change n'ont plus de bornes. Il n'y aurait, dit-on, pas de règles à ce change que quelques auteurs appellent le change *erratique*.

C'est aller trop loin, affirme M. Cauwès. Il y a une règle et la parité du change est déterminée par la *valeur intrinsèque de la monnaie dépréciée*.

Mais il n'y a réellement plus de limites au change si la monnaie dépréciée consistait en un papier inconvertible qui n'a pas de valeur intrinsèque[1].

399. — **Arbitrage** : Ce n'est pas seulement à Paris qu'on trouve du papier-monnaie sur une place déterminée, — sur Londres, par exemple ; il en existe sur toutes les places commerciales du monde. Si, par conséquent, il est trop cher à Paris, on peut chercher une autre place où, les circonstances étant différentes, il sera meilleur marché.

L'*arbitrage* est l'opération qui consiste à acheter du papier là où il est bon marché pour le revendre là où il est cher[2].

400. — **Bill brokers et courtiers de change** : Les banquiers ne sont pas seuls à s'occuper du change. Dans certaines grandes villes, Londres et Paris, par exemple, il existe des *marchés d'effets de commerce* où l'on vend et l'on achète des lettres de change sur les diverses places du monde. Ces intermédiaires sont à Londres, les *bill brokers* : à Paris, où ils n'ont pas de titre spécial, on les appelle parfois *courtiers de change*[3].

1 M. Cauwès, Cours de 1903-1904.
2 Gide, p. 359 à la note.
3 Beauregard, p. 258.

TITRE IV

LA DISTRIBUTION DE LA RICHESSE.

PREMIÈRE PARTIE

LE MODE ACTUEL DE DISTRIBUTION.

Notions préliminaires.

401. — **Mécanisme de la distribution des revenus :** La valeur de tous les produits de la société se répartit entre tous les producteurs qui ont concouru à leur existence.

Que de producteurs ont collaboré à la création du vêtement le plus modeste ! Le tailleur, ses ouvriers, l'industriel qui a fourni le drap, le personnel de l'usine, le capitaliste qui a fourni les fonds pour l'installation de cette usine, le propriétaire qui a engraissé les moutons dont la laine a fourni l'étoffe... Et j'en passe !

Cette collaboration des ouvriers, des entrepreneurs, des capitalistes, des propriétaires fonciers a été mise dans une vive lumière par J.-B. Say[1] et par Bastiat, — par ce dernier dans une page qui est un vrai régal littéraire[2].

402. — Chacun de ces producteurs aura sa part, — je ne dis pas « sa juste part », ne voulant pas préjuger une question qui sera traitée au titre V, — dans le prix payé par le client du tailleur.

403. — **Les copartageants :** Les divers individus qui prennent part à la distribution de la richesse sont : 1° le propriétaire; 2° le capitaliste; 3° l'entrepreneur; 4° l'ouvrier.

404. — Il y a lieu de prendre en considération un cinquième copartageant : l'État qui prélève une part sur le revenu de chacun des autres.

405. — **La part spéciale de chaque copartageant :** La part du propriétaire foncier dans la répartition reçoit le nom de *rente;* celle du capitaliste s'appelle *l'intérêt;* on donne à la part de l'entrepreneur le nom de *profit*, à celle de l'ouvrier le nom de *salaire*.

La part de l'État c'est l'impôt.

406. — Nous allons étudier successivement l'étendue et la légitimité des droits de chacun de ces copartageants, mais en changeant quelque chose à l'ordre dans lequel nous les avons énumérés.

Nous finirons en effet par le salaire afin de pouvoir rapprocher la situation des ouvriers des conceptions socialistes imaginées dans le but de la rendre meilleure.

1 J.-B. Say, *Cours complet*, t. 2, p. 4.
2 Bastiat, *Harmonies*, p. 23 (éd. de 1855).

407. — Modes divers de distribution : On peut concevoir deux procédés de distribution des richesses : ou bien la distribution par voie d'autorité, système qui suppose l'appropriation des richesses par une autorité (famille, tribu, commune, État), ou bien la distribution par voie de liberté (régime de la propriété individuelle)[1].

408. — Nous ne nous attarderons pas quant à présent à discuter le mérite respectif des deux systèmes, nous nous bornerons à constater que le régime de la propriété individuelle et de la distribution par voie de liberté est actuellement en vigueur dans tous les États civilisés.

CHAPITRE PREMIER

LA RENTE DU SOL (Part du propriétaire foncier).

---

409. — Nous avons dit dans le chapitre précédent, que la part du propriétaire foncier, comme tel, dans la distribution des richesses était la *rente*. Il s'agit de déterminer le sens précis de cette expression.

410. — La rente ne doit pas être confondue avec le produit net de l'exploitation. Celui-ci procède d'éléments complexes. Prenons l'hypothèse la plus

1 Beauregard, p. 104-105.

simple, celle du petit propriétaire qui cultive lui-même son propre fonds. Le blé qu'il fait pousser est-il bien véritablement le produit de sa terre? N'est-il pas le produit des semences qu'il a épargnées, de l'engrais qu'il a ajouté au sol, du travail qu'il a consacré au défrichement, au labour, aux diverses façons nécessaires pour transformer une lande stérile en une terre productive?

411. — **Théorie de Ricardo :** Mais la terre elle-même donne-t-elle un revenu? La question semble une mauvaise plaisanterie : il n'en est rien cependant. L'agronome Jacques Bugeaud disait : « La terre est une armoire; on n'en retire que ce que l'on y met ». Si l'aphorisme de Bugeaud devait être pris au pied de la lettre, la terre ne donnerait aucun revenu : le prétendu revenu de la terre ne serait que le produit du travail et des capitaux mis au service de l'agriculture.

Eh! bien! oui, répond Ricardo : la terre produit un revenu qui lui est propre et qui ne se confond ni avec le produit des capitaux, ni avec le produit du travail.

Prenons trois terres inégalement fertiles, ou inégalement distantes du marché sur lequel s'écoulent leurs produits : A, A′, A″.

La terre A est très fertile. Sa culture exige une dépense que nous représenterons par D.

La terre A′ moins favorisée exige, pour donner un rendement égal à celui de la précédente, une dépense double soit 2 D, — on peut supposer qu'une partie de cette dépense résulte non de la culture, mais du transport des produits sur un marché plus éloigné du lieu de production.

La terre A″ est un sol ingrat, auquel on n'arrache la production qu'à force de sacrifices; — de plus, il est situé à une grande distance du marché, si bien que les produits une fois mis à la portée des acheteurs ne sont pas grevés d'une dépense moindre de 3 D.

Voilà donc sur le même marché trois produits identiques en quantité et en qualité dont le coût de production est inégal.

Le coût de production de l'un est D; — le coût de production du second est 2 D; — le coût de production du troisième, 3 D.

Or, certainement, le producteur le moins favorisé, le propriétaire de A″, ne consentira pas à vendre son produit (mettons son blé, si vous voulez) à perte. Il ne le cédera pas pour une somme inférieure à la dépense (3 D). Le minimum de son prix de vente sera donc égal à 3 D.

Les deux autres propriétaires (A′ et A) ne voudront pas non plus vendre leur blé moins cher que leur concurrent : ils vendront donc au prix de 3 D.

Mais le blé ainsi vendu n'a coûté à A′ que 2 D — à A, que D. Il en résulte que A′ gagne une somme égale à D, — et A une somme égale à 2 D[1].

1 Pour mieux saisir ce calcul on peut s'aider du tableau ci-dessous.

PROPRIÉTÉ.	PRIX DE VENTE du produit.	COÛT DE production.	BÉNÉFICE NET.
A″	3 D	3 D	0
A′	3 D	2 D	D
A	3 D	D	2 D

Ce bénéfice ne provient pas du travail, il ne provient pas non plus du capital incorporé au sol. C'est un bénéfice tout gratuit dû à des conditions de fertilité supérieure, de culture plus facile, de proximité des débouchés. Ce bénéfice gratuit c'est ce que Ricardo appelle la *rente* du sol; — ce que, depuis la publication de sa fameuse théorie, les économistes ont appelé la *rente différentielle* ou la *rente Ricardienne*.

La rente est la conséquence non de la fertilité de la terre qui la donne, mais de l'infertilité des terres concurrentes. Cela justifie le nom de plus-value non gagnée « *unearned increment* » que lui ont imposé les économistes anglais.

412. — Est-il bien exact, lorsque des produits identiques en qualité, mais dont le coût de production est différent, seront mis en vente sur un même marché, que le cours s'établira au niveau du coût de production le plus élevé, et non pas un peu au-dessus du coût de production le moins élevé?

Il faut distinguer : Si des marchandises *susceptibles d'une production indéfinie* étaient offertes en surabondance à un public *qui n'aurait pas besoin de les absorber entièrement*, le cours s'établirait au niveau du coût de production le moins élevé, ou un peu au-dessus. Les vendeurs concurrents baisseraient en effet leur prix pour obtenir la préférence des acheteurs.

413. — Mais il n'en est plus de même lorsque : 1° les marchandises sont des objets de première nécessité; 2° la demande est supérieure à l'offre.

Or, partant de cette idée que toutes les terres actuellement mises en culture suffisent à peine à produire ce qui est nécessaire aux besoins d'une consommation toujours croissante, Ricardo, — dont la théorie se lie par un lien facile à apercevoir avec celle de Malthus, — doit admettre comme certaine l'augmentation spontanée et progressive du revenu de la terre.

414. — Cependant deux causes, — et nous les avons vues fonctionner de notre temps [1] — peuvent enrayer le mouvement ascensionnel : 1° la concurrence de terres nouvelles; 2° de grands perfectionnements agricoles multipliant les produits et limitant leur utilité finale [2].

On a opposé parfois, *à titre d'objection*, ces deux causes d'inapplicabilité à la théorie de Ricardo [3]. La vérité est que Ricardo les a prévues lui-même et formulées *à titre d'exception* [4].

415. — Ce que l'on peut dire, c'est que le « monopole des propriétaires fonciers » dont nous menace Ricardo, — étant donné la grande étendue des terres qui ne sont pas encore exploitées et les progrès de la culture intensive, — est un danger sinon imaginaire, au moins encore très lointain.

416. — Nous ne nous sommes pas attachés à la supposition émise par Ricardo que les hommes ont mis d'abord en culture les terres de première qualité, pour descendre ensuite vers les terres de qualité inférieure. Cette hypothèse d'une exactitude douteuse, contestée depuis par Carey [5], n'a pas d'im-

1 Par la mise en valeur des terres du Far West américain et le progrès de la chimie agricole.

2 Gide, p. 520 et 521.

3 V. Beauregard, p. 130.

4 M. Deschamps à son cours de 1903-1904.

5 Les hommes, dans l'état d'enfance de l'agriculture, ont dû cultiver d'abord non les terres les plus fertiles, mais les terres les plus faciles à labourer.

portance au point de vue de la conclusion de Ricardo. Il suffit à celle-ci qu'il ne reste plus de terres à mettre en culture. Peu importe dans quel ordre ont été exploitées celles qui approvisionnent le marché.

417. — **Définition de la rente :** La rente serait donc la différence entre le revenu total de la terre et la part qui, dans ce revenu, correspond à l'intérêt du capital incorporé et à la rémunération du travail de l'agriculture.

418. — Toute terre ne donne pas nécessairement une rente, tandis que la culture en tire toujours un revenu.

419. — **Modes divers employés par les propriétaires du sol pour en tirer un revenu :** Ces modes sont au nombre de trois : 1° le faire valoir; 2° le fermage; 3° le métayage.

420. — **Faire valoir :** Cette methode consiste à cultiver soi-même. C'est le système des petits et moyens propriétaires. Il est plus rarement employé par les grands propriétaires : quelques-uns cependant de ces derniers résident sur leurs terres et en dirigent eux-mêmes l'exploitation; mais les grands propriétaires emploient beaucoup plus ordinairement le système du bail à ferme et touchent leur revenu sous forme de fermage.

421. — **Fermage :** Le fermage est le revenu de la terre tel qu'il est déterminé par la location de la terre à un entrepreneur (fermier).

422. — Après les explications que nous venons de donner, on comprendra sans peine que le fer-

mage ne coïncide pas nécessairement avec la rente; il a généralement une valeur supérieure, soit parce qu'en outre de la rente, il comprend un intérêt pour les capitaux engagés dans la terre, soit aussi parce que, sous la pression de la nécessité, le fermier est obligé de céder au propriétaire une part du revenu de son propre travail. Le contraire peut arriver d'ailleurs et les fermiers font parfois la loi au propriétaire.

423. — **Métayage** : Le métayage est un contrat mélangé de bail à ferme et de société. Le métayer ne paie pas de prix de ferme; il fournit son travail au propriétaire qui fournit sa terre et les produits, ou leur prix de vente, se partagent par moitié entre les deux contractants.

424. — Les économistes contemporains sont très favorables à la substitution du bail à métairie au bail à ferme. Le bail à métairie a deux conséquences heureuses : 1° il associe les travailleurs agricoles aux bénéfices du propriétaire; 2° il oppose un obstacle à l'*absentéisme* qui est la négation de la fonction sociale des propriétaires fonciers.

« Si on veut, dit M. Gide avec beaucoup de raison, sauvegarder la propriété foncière, il faut qu'elle devienne un métier, une profession, une fonction. Or on n'afferme pas une fonction ».

CHAPITRE II

L'INTÉRÊT (Part du capitaliste).

---

425. — **De l'appropriation des capitaux :** Le droit de propriété sur le capital, disent les économistes, est inattaquable. Le droit du laboureur sur le blé qu'il récolte est sacré; son droit sur celui qu'il met en réserve pour les semailles est deux fois sacré!

426. — Pour Karl Marx, le capital n'est que le *produit du travail d'autrui*, parce qu'il sort du profit. Mais, dit M. Gide, K. Marx met la charrue avant les bœufs; le capital ne sort pas du profit, c'est au contraire le profit qui sort du capital.

427. — **Du prêt des capitaux :** Un fermier manque de bétail et d'instruments aratoires pour exploiter sa ferme, on conçoit sans peine qu'il en emprunte à un voisin qui a plus de bétail ou plus d'instruments aratoires qu'il ne lui en faut. De même l'inventeur qui n'est pas assez riche pour installer la machine par lui conçue pourrait se faire prêter cette machine (ce capital) par un ami qui aurait les ressources nécessaires pour la construire.

428. — Voilà la théorie. En pratique les choses se passent autrement; le fermier n'empruntera

pas des bestiaux, l'inventeur n'empruntera pas une machine; le fermier et l'inventeur emprunteront une somme d'argent avec laquelle l'un achètera du bétail, et l'autre fera construire les appareils qu'il a imaginés.

429. — **Légitimité de l'intérêt :** On trouverait tout naturel que l'inventeur et le fermier payassent une rétribution à celui qui a mis à leur disposition les objets dont ils avaient besoin. N'est-il pas aussi naturel, n'est-il pas absolument logique que cette même rétribution soit versée à celui qui, au lieu de fournir les capitaux en nature, a fourni l'argent nécessaire à leur acquisition?

430. — C'est cependant une idée qui n'a pas toujours été accueillie. Les sociétés antiques, la société romaine ont connu la rémunération du prêt de numéraire. Une interprétation erronée, selon nous, de certains textes des Saintes Écritures, conduisit la société chrétienne à la proscrire sous le nom d'usure.

431. — Il faut dire que la logique et la nécessité économique, plus fortes que les théories canoniques, imposèrent, sous les noms de *commandite*, de *rentes constituées*, des compromis qui ne tendaient à rien moins qu'à infirmer complètement les prohibitions portées contre le prêt à intérêt.

La légitimité de la rémunération attribuée au capitaliste cessa d'être contestée. Les doctrines socialistes font aujourd'hui revivre des attaques que l'on eût pu croire pour jamais ensevelies dans l'oubli.

432. — **Les lois de l'intérêt :** L'intérêt est

régi par les lois économiques et par la législation positive. L'intervention du législateur en cette matière est critiquée par l'école classique.

433. — M. Beauregard qui se demande si la limitation du taux de l'intérêt est justifiée, répond en ces termes : « Nous ne le croyons pas. D'abord le but « poursuivi n'est pas atteint, car on ne peut empê- « cher que la loi soit violée : on constitue même « aux usuriers une sorte de monopole en les débar- « rassant de la concurrence des honnêtes gens. En « même temps, on empêche que la concurrence s'é- « tablisse pour procurer les capitaux à aussi bas « prix que possible aux entrepreneurs qui ne pré- « sentent pas assez de garanties pour être admis « à emprunter à 5 ou à 6 0/0... Ne vaudrait-il pas « mieux pour eux trouver l'argent dont ils ont « besoin à 7 ou 8 0/0 chez un banquier qu'à 12 et « 15 0/0 chez un usurier[1] ? »

434. — **Lois économiques de l'intérêt :** Si les capitaux étaient prêtés en *nature*, la rémunération de ce prêt serait un prix de location variable.

Mais comme les capitaux ne se prêtent guère que sous leur forme d'espèces épargnées, il en résulte que le taux de location des capitaux tend à s'égaliser.

Le prix est soumis à la loi de l'offre et de la demande ; mais l'offre et la demande sont elles-mêmes soumises à des conditions de variabilité qu'il faut retenir.

L'offre dépend : 1° de la puissance d'épargne du

1 Beauregard, p. 141 et 142.

pays; 2° de la sécurité; 3° de l'existence d'une catégorie de personnes ne faisant pas valoir directement les capitaux qu'elles possèdent.

La demande dépend de la productivité de celui qui recherche le capital. Cette productivité est bien plus grande dans les pays neufs; aussi le taux de l'intérêt y est-il sensiblement relevé.

435. — **Obligations et actions** : Les capitalistes qui se contentent d'une rémunération modérée, mais qui tiennent à avoir un intérêt fixe et plus de sécurité avancent leurs capitaux contre des *obligations*. Les capitalistes plus ambitieux et plus aventureux échangent leur capital contre des *actions*, c'est-à-dire contre des titres dont la rémunération consiste dans une part des bénéfices de l'entrepreneur. — Ces actions peuvent produire un revenu élevé si l'entrepreneur fait de bonnes affaires, et se réduire à rien si l'entreprise ne prospère pas. — Les capitalistes actionnaires sont même exposés à perdre leur capital.

436. — **Limitation de l'intérêt par la loi :** C'est seulement dans le cas où le capitaliste a stipulé un intérêt fixe, sans devenir sous le nom d'actionnaire, de commanditaire ou toute autre dénomination, une sorte d'associé de l'entrepreneur, que la loi intervient pour fixer un intérêt maximum qui ne doit pas être dépassé. La loi de 1807 avait fixé l'intérêt maximum à 5 0/0 en matière civile, à 6 0/0 en matière commerciale. La loi du 22 janvier 1886 a donné une satisfaction partielle aux économistes en abolissant la limitation du taux de l'intérêt en matière commerciale.

437. — **Si le taux de l'intérêt tend à**

la baisse: La baisse de l'intérêt est chose fort désirable. Est-elle probable? — Elle a été constante depuis 30 ou 40 ans: elle doit augmenter avec la sécurité; — mais il faut être très optimiste pour compter sur l'augmentation indéfinie de la sécurité.

M. Leroy-Beaulieu (Paul), qui a été le grand défenseur de la thèse de l'abaissement progressif du taux de l'intérêt, en donne cette raison que, le profit des industries diminuant d'une manière constante, les industriels paieront de moins en moins cher les capitaux, ne pouvant les rémunérer que proportionnellement à leur profit.

M. Gide, tenant compte des industries neuves qui peuvent surgir, croit que le taux de l'intérêt subira des oscillations (???). Nous sommes plus impressionnés lorsqu'il expose que la baisse de l'intérêt sera la conséquence du développement des associations de crédit mutuel.

Un économiste anglais M. Foxwel suppose qu'un jour pourra venir où les capitalistes paieront les emprunteurs pour conserver leurs capitaux. Ce serait la gratuité du crédit rêvée par Proudhon.

437 *bis*. — **Mutuellisme de Proudhon ou gratuité du crédit** : Le travail seul étant productif, le capitaliste n'a droit qu'à la restitution de son capital, l'intérêt doit donc être supprimé. — Proudhon, en conséquence, proposait la création d'une banque d'Etat recevant sans intérêts les fonds qu'on lui apporterait, et les prêtant à son tour au taux de 1/4 0/0 (ce faible intérêt destiné à couvrir les frais d'administration).

Seulement ce que P.-J. Proudhon ne dit pas,

c'est où l'on prendra des capitalistes disposés à confier leurs capitaux à une banque qui ne leur servirait aucun intérêt.

Cette invention chimérique de la gratuité du crédit n'est pas nouvelle. Il y eut à Rome une loi *Genucia* qui prohiba la stipulation des *usuræ*. Ce furent les emprunteurs qui, ne trouvant plus de prêteurs, en demandèrent la suppression.

CHAPITRE III

L'IMPOT (Part de l'État).

---

438. — **Dépenses publiques** : C'est un fait constant que les dépenses publiques suivent, de notre temps, une progression ascendante constante.

L'accroissement des dépenses publiques a pour cause : 1° le développement du système militaire ; — 2° l'extension chaque jour plus grande des attributions de l'Etat[1].

439. — **Revenus publics** : Les revenus publics comprennent :

1° Les revenus domaniaux ;

2° Les bénéfices provenant d'industries (Gobelins, Sèvres, réseau des chemins de fer de l'État) ; — ou de monopoles (tabacs, poudres, allumettes, etc.)[2].

1 « A plus de vie plus d'organes » a écrit Dupont White (M. Deschamps, Cours de 1901-1902).

2 M. Alglave a proposé et défend depuis plusieurs années dans son cours

Il y a certains monopoles dans lesquels l'État ne cherche pas à gagner (postes et télégraphes). Dans certains autres, il élève sans vergogne des prix dont il est le maître (monopoles fiscaux).

3° Les impôts : — dont nous allons traiter très sommairement, en écartant tout ce qui est du ressort du droit administratif.

440. — **Impôt sur le revenu** : La forme la plus naturelle de l'impôt direct, c'est l'impôt proportionnel sur le revenu. — C'est aussi celui qui, au premier abord, paraît le plus juste[1].

Malheureusement il présente de grandes difficultés d'application : chacun est porté à dissimuler sa fortune vis-à-vis de l'État : il faudra donc recourir à des mesures vexatoires d'investigation.

Pourtant l'impôt sur le revenu existe déjà et fonctionne en Allemagne, en Hollande et en Suisse[2].

441. — On pourrait être tenté d'affirmer qu'il fonctionne aussi en Italie, — et on dit couramment que l'*income tax* d'Angleterre est un impôt sur le revenu.

Mais à raison de la division des revenus imposables du contribuable en plusieurs cédules (cinq dans l'*income tax*, quatre dans le système italien) M. Gide qualifie ce régime de régime d'impôt *sur les revenus*, et le déclare à peu près identique à celui qui a existé en France jusqu'à présent[3].

le monopole de l'alcool (comme en Russie et en Suisse) qui, d'après ses prévisions, ne rapporterait pas à l'État moins de 700 millions. — M. Alglave, Cours de 1902-1903.

1 Gide, p. 624.

2 A l'heure où nous écrivons un projet d'impôt sur le revenu est en discussion devant le Parlement.

3 Gide, p. 627.

442. — Si nous admettons que l'impôt sur le revenu est celui « qui englobe tous les revenus dans une même formule[1] », la différence est incontestable. Quant à l'analogie de ce système avec notre système actuel, elle nous paraît beaucoup moins certaine, les revenus commerciaux (cédule D) étant, en Angleterre, établis par une déclaration du contribuable qui n'a aucun équivalent dans la pratique fiscale française.

443. — L'impôt sur les revenus présente deux graves inconvénients :

1° Il est sujet à répercussion : le propriétaire fait payer l'impôt foncier au locataire, le marchand grève la marchandise du prix de la patente, etc. — (tandis que l'impôt *global* ne se répercuterait pas) ;

2° Il équivaut à une confiscation partielle du capital : que le revenu foncier soit frappé d'un impôt de 10 0/0, celui qui est propriétaire d'un fonds au moment où l'impôt est établi vendra désormais ce fonds 10 0/0 de moins. C'est comme si l'État s'était attribué à titre de copropriétaire perpétuel la 10e partie du fonds[2].

444. — **Impôt progressif** : L'impôt progressif est celui dont la quotité (et non pas seulement le chiffre, comme dans l'impôt proportionnel) augmente avec le revenu. Ainsi, à mesure que le revenu est plus élevé le taux 0/0 dont on le frappe est aussi plus élevé[3].

1 M. Alglave, Cours de législation financière de 1902-1903.

2 Gide, *loc. cit.* M. Alglave, dans son cours de 1902-1903 exprimait une idée analogue à propos de la situation qui s'établit entre le propriétaire d'un fonds hypothéqué et le créancier hypothécaire : situation qui constitue (ce n'est qu'une comparaison) *comme* une sorte de copropriété.

3 M. Alglave à son cours de législation financière de 1902-1903.

L'impôt progressif, réclamé avec insistance par les partis avancés, a néanmoins séduit un certain nombre de catholiques [1].

Nous ne contestons nullement pour notre part la valeur morale de ce système. Est-il absolument juste parce que l'on prend au millionnaire 10 0/0 de son superflu de prendre à un pauvre diable 10 0/0 du nécessaire? Tel qui a 100.000 livres de rente ne sera pas bien à plaindre si, sur ses revenus, l'État lui demande 20.000 francs; mais celui qui n'a que 1.000 francs de rente sera écrasé si l'impôt lui enlève 200 francs? Ne vaudrait-il pas mieux que le millionnaire payât 25.000 francs, tandis que le malheureux ne payerait que 25 francs?

On peut d'ailleurs donner pratiquement satisfaction au sentiment que nous exprimons en *dégrevant* les petits contribuables. — Le système dégressif est usité en Angleterre pour l'*income tax*, en ce qui concerne les revenus inférieurs à 10.000 francs. — Au-dessous de 3.750 francs de rente, l'*income tax* ne s'applique plus [2].

On est entré en France dans cette voie, en dégrevant les petits loyers.

445. — **Impôts directs et indirects :** Les impôts se divisent en impôts directs et impôts indirects :

Les impôts directs, d'après M. Alglave, sont ceux qui frappent la richesse dans sa production ; les impôts indirects, ceux qui frappent la richesse dans sa circulation ou sa consommation [3].

1 Voyez M. l'abbé Elie Blanc, *Études sociales*, p. 330 et 337.
2 M. Alglave à son cours.
3 M. Alglave à son cours de 1902-1903. Le critérium de M. Alglave nous

446. — **Impôts directs :** Les impôts directs, disons-nous, frappent la production de la richesse : or les facteurs de cette production sont la terre, le capital et le travail.

C'est donc au propriétaire foncier, au capitaliste, à l'industriel ou au commerçant, que l'État s'adressera chaque année pour exiger de lui une part de son revenu. L'État connaît d'avance le chiffre de sa créance, le nom de son débiteur ; il présente sa note au contribuable comme un fournisseur à son client. Les impôts directs ont le mérite de la franchise.

447. — **Impôts indirects :** Les impôts indirects rançonnent hypocritement le contribuable. Ils ne visent pas telle ou telle personne déterminée; ils se perçoivent à l'occasion d'un fait déterminé. Quel sera l'auteur de ce fait? A quel moment se produira-t-il ? L'État l'ignore et ne s'en soucie guère : ce qui est certain c'est que l'auteur, quel qu'il soit, sera atteint au moment où l'acte se produira.

Quels sont les actes sujets à taxe?

Les uns, comme les droits d'enregistrement qui visent les mutations de propriété, — comme le transport des marchandises, tiennent à la circulation.

Les autres, comme les droits de douane qui frappent les marchandises à leur entrée en France, — comme les impôts sur le sucre, le sel, les boissons, se réfèrent à la consommation [1].

paraît infiniment supérieur à tous ceux (et ils sont en grand nombre) qui ont été donnés.

1 Beauregard, p. 321.

148. — Nous n'avons pas craint de dire que les impôts indirects rançonnaient *hypocritement* le contribuable. Nous entendons par là que le contribuable les paie la plupart du temps sans s'en apercevoir.

Prenons l'exemple frappant du consommateur qui va prendre au café sa « demi-tasse ». En la payant il acquitte l'impôt sur l'alcool, sur le sucre, sur le café [1].

449. — **Quels impôts sont préférables des impôts directs ou indirects :** Sans nous attarder à des études qui sont du domaine du droit administratif, posons immédiatement la question économique. Du système des impôts directs ou du système des impôts indirects lequel est préférable?

C'est là un problème qui a soulevé et qui soulève des discussions ardentes et que les économistes n'ont pas résolu jusqu'à présent.

Les physiocrates faisaient peser sur les propriétaires fonciers la charge entière de l'impôt qui, pour eux, consistait exclusivement dans l'impôt direct. Telle est la théorie développée par Mercier de la Rivière dans son livre : l'*ordre naturel et essentiel des sociétés*. C'est en réponse à l'œuvre de Mercier de la Rivière que Voltaire écrivit son conte : l'*homme aux quarante écus*, satire dirigée contre l'impôt unique sur la terre, dans laquelle Voltaire, avec sa verve habituelle, nous représente l'agriculteur (*l'homme aux quarante écus*) (*de rente*) obligé de donner à l'État la moitié de son maigre revenu, tandis que le financier, à l'abri

1 Sans préjudice des impôts directs du limonadier que le consommateur supporte par *répercussion*. Le limonadier fait payer en détail à sa clientèle sa patente et l'impôt sur son loyer. — M. Alglave, Cours de 1902-1903.

des réclamations du fisc, se gaudit sur ses sacs qui crèvent d'or[1].

Les économistes de la première partie du XIXe siècle avaient bien abandonné la thèse des physiocrates, mais ils considéraient que l'impôt direct était seul juste[2]. Seulement ils étaient unanimes à admettre que le revenu foncier ne devait pas être seul à en porter le poids.

Quant aux impôts indirects, on les déclarait injustes parce qu'ils frappent tout le monde sans que la charge qui en résulte soit mesurée aux facultés de chacun[3] : — ce qui ne laisse point d'être vrai. L'impôt indirect absorbera peut-être le quart du gain annuel d'un ouvrier vivant petitement, alors que, sans se restreindre, l'individu qui jouit, par exemple, d'un revenu de 20.000 francs y fera aisément face avec la sixième ou même la septième partie de ses ressources[4].

Aujourd'hui les impôts directs perdent du terrain, et un groupe important d'économistes se montre partisan des impôts indirects[5], beaucoup plus fructueux pour le trésor, beaucoup plus facilement supportés par le public qui les acquitte sans s'en apercevoir.

Seulement ces impôts indirects qu'on accuse, non sans fondement, d'injustice, devraient être moralisés en ce sens qu'ils épargneraient les consommations de première nécessité, frapperaient légèrement les consommations d'objets usuels mais non indispensables, plus lourdement les consomma-

1 M. Deschamps, Cours de 1903-1904.
2 M. Alglave, Cours de 1902-1903.
3 Beauregard, p. 322.
4 *Ibid.*
5 M. Alglave à son cours.

tions de luxe, et très lourdement les consommations vicieuses, l'alcool par exemple[1].

M. Alglave n'hésite pas à qualifier de « méthode barbare » le système des impôts directs. Il est impossible de nier que les partisans des impôts indirects font paraître une conception plus exacte de la mentalité humaine. Tel qui paie sou à sou 2.000 francs d'impôt chaque année, chez l'épicier, au café, au bureau de tabac, jetterait les hauts cris si, alors qu'il serait dispensé du total respectable de ces menues dépenses, le percepteur lui présentait une note à payer de 1.500 francs.

CHAPITRE IV

LE PROFIT (Part de l'entrepreneur).

---

450. — Le profit est la part de l'entrepreneur dans la répartition.

451. — **L'entrepreneur** : Mais qu'est-ce au juste que l'entrepreneur? Les économistes anglais le confondent avec le capitaliste. Les économistes français au contraire distinguent avec soin les deux rôles (qui peuvent d'ailleurs se confondre).

L'entrepreneur, pour Say, est un travailleur : mais un travailleur spécial dont l'œuvre se résume en trois points : 1° l'invention; 2° la direction; 3° la spéculation commerciale.

1 *Ibid.*

Le profit serait donc parfaitement justifié : d'abord parce qu'il est la rémunération d'un travail, ensuite parce qu'il est la *compensation d'un risque*.

452. — **Lois qui règlent le profit :** Le profit est l'excédent de la valeur du produit sur les frais de production. Ces frais comprennent : 1° le salaire des ouvriers ;

2° L'intérêt payé au capitaliste ;

3° Le loyer des emplacements.

Quand on a fait toutes ces déductions, on demeure tout surpris de voir que l'entrepreneur ne touche guère que la rémunération de son travail.

453. — **De la légitimité du profit :** C'est contre le profit qu'ont été dirigées les plus violentes attaques des socialistes. C'est lui qui recélerait dans ses flancs tout le « mystère d'iniquité ». Le profit c'est « *du travail non payé* » (Karl Marx).

Toute cette théorie repose sur l'idée que la valeur, pour la main-d'œuvre comme pour les marchandises, est uniquement déterminée par le coût de production.

Or si l'on considère que des choses qui ne coûtent aucun travail ont cependant une grande valeur, on est obligé de reconnaître que le profit est autre chose que du « travail non payé ».

Mais on peut se demander si la fonction sociale de l'entrepreneur est indispensable et définitive ; ou si elle n'est pas simplement une « catégorie historique ».

Or la fonction d'entrepreneur ne consiste qu'à servir d'intermédiaire entre les travailleurs, capitalistes et propriétaires, d'une part, et les consommateurs, d'autre part; et l'on peut prévoir la suppression de cet intermédiaire comme des autres.

454. — Les sociétés anonymes se passent parfaitement de patrons; donc le patron n'est pas un rouage indispensable au fonctionnement d'une industrie.

Les inconvénients du patronat et l'injustice (très exagérée par les socialistes) du profit peuvent être : 1° atténués par la participation des ouvriers aux bénéfices; 2° supprimés par les associations coopératives de production.

Nous signalerons plus loin les objections que rencontrent ces deux solutions; mais une difficulté n'est pas une impossibilité. Le salariat peut se modifier; il en est de même du patronat[1].

CHAPITRE V

LE SALAIRE (Part de l'ouvrier).

SECTION I

Histoire du salariat.

455. — **Le salaire :** Les économistes en général définissent le salaire : « Tout revenu touché par un homme en échange de son travail »[2].

1 Nous écourtons ce chapitre parce que les théories qui s'y rattachent seront présentées dans le chapitre consacré à l'évolution du salariat (Chap. VI, *infrà*).

2 Gide, p. 451.

Cette définition prête à la critique en ce sens que, de tout temps, les hommes ont reçu une rémunération de leur travail, tandis que le *salariat* est d'origine relativement récente.

456. — **Travail servile ; — quasi-servile ; — corporations** : Le salariat est inconnu de l'antiquité : la forme du travail est le *travail servile*.

457. — Au moyen-âge le travail servile tend à faire place peu à peu au travail *quasi-servile*. L'esclavage se transforme en servage.

458. — Comme, d'autre part, nous voyons, pendant la même période, se constituer ou tout au moins se développer le régime corporatif, il n'y a à cette époque, comme le fait remarquer M. Gide, guère de place pour le salarié proprement dit. Le compagnon, commensal du maître (*cum pane*), n'est pas un salarié. Les compagnons ne pouvaient ni être congédiés au gré du patron, ni s'en aller à leur fantaisie. Leur salaire, la durée et les conditions de leur travail étaient réglés par les statuts des corporations. Tous avaient l'espoir de devenir maîtres. Salariat et maîtrise n'étaient que deux étapes de l'existence professionnelle.

459. — **Le patron et l'ouvrier ; — formation de ces deux types** : Le type du patron se dessine à la fin du moyen-âge lorsque la formation des grands États et le développement des communications fait naître les grandes industries pour lesquelles il faut des capitaux que les modestes maîtres du temps passé ne possèdent point.

D'une part, on voit se constituer les industries privilégiées qu'une faveur de la puissance législative, c'est-à-dire du roi, a exemptées des liens étroits qui entravent les corporations. Les concessions sont faites soit à des particuliers, soit, le plus souvent (ce sera presque la règle aux temps modernes), à des compagnies.

« Colbert, comprenant qu'il fallait soustraire la grande industrie à la surveillance des petits patrons jaloux, accorda aux fondateurs de grandes entreprises des brevets qui les en exemptaient. Les manufactures ainsi privilégiées furent appelées manufactures royales »[1].

460. — D'autre part les *compagnonnages* premières associations ouvrières se constituent. La scission s'opère entre la main-d'œuvre et le capital.

461. — **Édits de Turgot et lois de la Révolution :** Le salariat n'a été définitivement constitué tel qu'il est aujourd'hui qu'à la faveur des édits de Turgot et des lois de la Révolution.

On connaît la tentative infructueuse et les édits bientôt retirés de Turgot en 1776, en faveur de la liberté du travail.

Cette liberté fut consacrée par la loi du 17 mars 1791.

462. — L'enthousiasme produit par la liberté du travail s'est beaucoup refroidi. Le nouveau régime a donné un grand essor à la production, mais, de cet essor, ce ne sont pas les ouvriers qui ont profité.

463. — **Pourquoi le travail est aujour-**

1 Beauregard, p. 78.

d'hui moins demandé et plus offert : Cela s'explique: le travail est une marchandise comme une autre dont le taux est déterminé par la loi de l'offre et de la demande: si le travail est demandé, les salaires montent, ils baissent si l'offre du travail est supérieure à la demande.

Or divers facteurs concourent à élever l'offre du travail, tandis que la demande reste à peu près stationnaire :

464. — 1° L'émigration des classes rurales vers les villes, qui accroît la masse ouvrière au détriment de la population agricole. A quoi faut-il attribuer cette émigration ? A l'attrait malsain des villes, à la facilité des communications grâce à laquelle les paysans de l'Aude ne meurent plus « sans avoir vu Carcassonne », — mais surtout, croyons-nous, à la législation militaire qui, appelant un nombre de plus en plus considérable de jeunes hommes de la campagne au sein des villes où ils contractent des habitudes qu'ils ne veulent plus perdre, multiplie dans une proportion toujours croissante le nombre des déserteurs de l'armée agricole.

465. — 2° La division du travail et le machinisme qui ont introduit au nombre des salariés des concurrents qui étaient autrefois des non-valeurs: les femmes, les enfants, — qui permettent au vieillard de se maintenir à l'atelier ou à l'usine dont sa faiblesse l'aurait autrefois écarté.

466. — Si l'on considère l'énorme appoint que cette *réserve* de l'armée ouvrière apporte à l'effectif total, on s'aperçoit que cet effectif est singulièrement augmenté. — Seulement, sur le marché

du travail, l'intervention d'une réserve est une cause non de force mais d'affaiblissement pour l'effectif auquel elle vient s'adjoindre. — Plus le nombre des ouvriers est grand, plus est abondante l'offre de travail ; plus bas tombe le salaire.

SECTION II

Modes de fixation et mouvement des salaires.

A

467. — **Modes divers des salaires :** Le contrat de travail est un contrat *à forfait.* Le salaire ne change pas quand le profit augmente. L'ouvrier ne reçoit jamais qu'une somme fixe déterminée soit d'après le temps qu'il a fourni, soit d'après la quantité de sa production.

468. — **Salaire au temps et salaire à la tâche :** On distingue le salaire au temps, — système le plus habituellement pratiqué, et le salaire à la tâche qui consiste à rémunérer l'ouvrier non plus d'après le temps passé au travail mais d'après la tâche effectuée. — Le salaire à la tâche semble plus équitable ; l'ouvrier le plus laborieux et le plus habile doit être mieux rémunéré que l'ouvrier paresseux ou maladroit. Mais il y a là une illusion dont il ne faut pas être dupe. L'improductivité relative de l'ouvrier n'est pas toujours volontaire ; elle peut être la conséquence de son âge ou de son état de santé. Rémunérés à la tâche, les ouvriers qui commencent à vieillir voient leurs ressources diminuer au moment où ils en auraient le plus besoin. De plus, les patrons, quand ils paient aux

pièces, établissent généralement leur calcul non sur les ouvriers qui fournissent un travail moyen, mais sur les ouvriers les plus habiles et les plus actifs[1].

D'autre part, il arrive souvent que l'ouvrier rétribué aux pièces travaille mal pour travailler plus vite[2].

Les ouvriers d'ailleurs préfèrent le salaire au temps qui leur permet de calculer d'avance ce qu'ils toucheront à la fin de la semaine.

469. — **Essais de combinaison des deux systèmes :** On a essayé de combiner dans l'intérêt des ouvriers les deux systèmes : de là le *salaire au temps avec primes* et *le salaire à l'économie de matière*.

Le salaire au temps avec primes comporte : 1° une rémunération fixe; 2° une rémunération supplémentaire au profit des ouvriers qui ont fourni une production supérieure à la moyenne.

Le salaire avec primes à l'économie de matière est pratiqué par les Compagnies de chemins de fer dans le cas où les chauffeurs et mécaniciens obtiennent la vitesse prescrite sans consommer tout le combustible qui leur est alloué.

B

470. — **Loi d'airain :** C'est le nom à effet, le nom tragique, que Lassalle a donné à la « loi des salaires » ainsi formulée par Ricardo :

« Le salaire doit nécessairement et fatalement

1 M. Souchon à son cours de 1899-1900.
2 Beauregard, p. 155.

se réduire au minimum strictement indispensable pour permettre à un travailleur de vivre, lui et sa famille ».

Cette loi désolante — ou prétendue loi — avait été déjà observée par Turgot; J.-B. Say l'admet après Ricardo. Comment la justifie-t-on?

Pour la main-d'œuvre, dit-on, comme pour toute autre marchandise, la valeur normale est déterminée par le coût de production. Or le coût de production du travail est représenté : 1° par la valeur des subsistances que doit consommer l'ouvrier pour se maintenir en état de produire; — 2° par la *prime d'amortissement* nécessaire pour remplacer cette machine humaine quand elle sera hors de service, c'est-à-dire pour élever *un* enfant d'ouvrier jusqu'à l'âge adulte.

471. — Il n'est pas très difficile de voir que la loi de Ricardo n'est qu'un pendant de la loi de Malthus. Si le nombre des ouvriers augmente, il n'y aura plus de travail pour tous les ouvriers, ou alors, on les prendra à moitié prix, sans descendre au-dessous du salaire nécessaire pour les nourrir, parce que, si le salaire tombait au-dessous de ce chiffre, les ouvriers mourraient de faim, et l'offre diminuant par suite de l'éclaircissement des rangs des vendeurs de main-d'œuvre, les salaires remonteraient.

472. — Les collectivistes se sont emparés avec empressement de la théorie de Ricardo : ce qui empêche, d'après eux, — et même d'après des économistes purs de toute attache collectiviste, — le relèvement des salaires, c'est l'existence permanente d'un contingent d'ouvriers sans travail, prêts

à se vendre pour n'importe quel prix, qui pèse sur le marché du travail et rend impossible toute hausse durable du salaire.

473. — **Théorie du fonds des salaires** (*wage fund*) : A la théorie de Ricardo, Stuart Mill a opposé une autre théorie : celle du « fonds des salaires *wage fund* » qui a été longtemps en faveur et dont nous avons peine à comprendre le succès. — Stuart Mill lui-même l'avait abandonnée à la fin de sa vie[1].

La théorie du *wage fund* part de cette idée que, sur le profit, l'entrepreneur réserve une certaine part pour les salaires et que, par conséquent, cette part peut augmenter avec le profit. La somme de tout ce que les entrepreneurs ensemble réservent pour le salaire de l'ensemble des ouvriers constitue le *fonds commun des salaires*. Pour savoir ce que peut être le salaire d'un ouvrier il n'y a qu'à diviser le fonds commun des salaires par le total des ouvriers. C'est bien simple? Moins il y aura d'ouvriers, plus la part de chacun sera élevée : en conséquence les ouvriers feront sagement de pratiquer le Malthusianisme.

474. — Cliffe Leslie a fait contre la théorie du fonds des salaires cette objection historique : « l'Irlande avait huit millions d'habitants en 1845. Par suite de la famine, deux millions émigrèrent de 1846 à 1857... *Cependant le salaire ne monta point.* »

475. — Pour que la théorie du *wage fund* fût exacte, il faudrait :

1 Dans un article de la *Fortnightly Review* de mai 1869.

1° Que tous les patrons, quelle que fût leur industrie, missent en commun le tant pour cent qui doit constituer la part de l'ouvrier.

2° Que le salaire des ouvriers fût fixé d'après le fonds de roulement des patrons et non d'après les résultats que les patrons espèrent tirer de leurs entreprises. Or, heureusement pour les ouvriers, c'est le dernier mode de calcul qui préside à leur engagement. « Sans doute l'entrepreneur a bien, lorqu'il engage des ouvriers, quelques fonds en réserve pour payer les premiers salaires, mais ce n'est là qu'un fonds de roulement nécessaire pour attendre que les produits aient été achevés et vendus. Ce n'est pas d'après ce fonds de roulement qu'il fixe ses conditions aux ouvriers c'est d'après ce qu'il espère obtenir en utilisant leur travail »[1].

476. — **Progression effective des salaires depuis cent ans :** Les faits ont démontré l'inexactitude de la prétendue « loi d'airain » et Karl Marx lui-même classe cette théorie dans la catégorie de ce qu'il appelle « les bourdes Lassaliennes »[2]. Il est indiscutable que, surtout depuis un demi-siècle, les salaires se sont élevés dans des proportions considérables.

477. — On fait observer que cette hausse pourrait être plus apparente que réelle : car, si le salaire a haussé, il n'est pas moins vrai que la vie est devenue plus chère et que, par conséquent, la dépense de l'ouvrier a augmenté.

478. — **Salaire nominal et salaire réel :** Il ne faut pas en effet confondre le salaire *nominal*

1 Beauregard, p. 151.
2 M. Deschamps à son cours de 1903-1904.

(salaire brut) avec le salaire *réel*, c'est-à-dire avec le salaire diminué de la dépense nécessaire de l'ouvrier, le salaire qui reste à l'ouvrier après avoir *vécu*. Si l'ouvrier gagne 6 francs et en dépense 5, il lui reste 1 franc; s'il gagne 4 francs et en dépense 2, il lui reste 2 francs. Son salaire *nominal* est plus élevé dans le premier cas, mais son salaire *réel* est supérieur dans le second.

C'est donc du salaire réel qu'il faut se préoccuper pour savoir si la loi d'airain a été ou non démentie par les faits depuis cent ans.

479. — **Progression du salaire réel et du *standard of life* de l'ouvrier :** Eh! bien! oui. Le salaire réel a augmenté. Les socialistes eux-mêmes sont obligés d'en convenir, mais, disent-ils, il ne s'est pas accru en proportion de la richesse générale.

430. — Et puis, ajoutent-ils, les besoins de l'ouvrier, le *standard of life* (le programme de la vie) de l'ouvrier, pour employer l'expression des économistes anglais, ont augmenté! L'ouvrier d'autrefois ne prenait pas de café; l'ouvrier d'aujourd'hui prend du café; s'il gagne de quoi payer sa demi-tasse, il ne gagne que ce qui est nécessaire à ses besoins. Ce raisonnement peut nous mener loin. Si demain l'ouvrier avait besoin d'un domestique et s'il ne gagnait pas ce qui lui serait nécessaire pour se procurer ce domestique, ce serait une justification de la loi d'airain? Mais alors la loi d'airain devrait s'appeler la loi d'or[1]!

1 Gide, p. 463.

SECTION III

De l'amélioration de la condition des salariés.

DIVISION.

481. — Quoi que l'on puisse penser de l'exagération et de l'inexactitude des théories que nous avons passées en revue à la section précédente, la condition des ouvriers est digne de notre plus vif intérêt, et il y aurait bien de l'égoïsme à ne considérer que les améliorations insuffisantes dont elle a bénéficié depuis un siècle, sans voir ce qui reste en elle d'injuste et de douloureux.

Il reste beaucoup à faire ; nous pouvons néanmoins donner une liste déjà longue des mesures imaginées par la pratique, suggérées par les économistes pour satisfaire aux légitimes revendications des salariés. La législation est elle-même entrée dans cette voie depuis plusieurs années. On ne peut refuser à l'école historique l'honneur d'avoir provoqué un mouvement que les économistes classiques ont beaucoup moins combattu que leurs adversaires ne veulent bien le dire.

482. — Parmi les mesures expérimentées, les unes sont toutes volontaires, les autres constituent l'ensemble de ce que l'on appelle la *législation ouvrière*.

Nous grouperons ces diverses mesures sous cinq rubriques :

1° Mesures en dehors de toute législation ouvrière.

2° Systèmes d'organisation professionnelle.

3° Réglementation légale du travail industriel.

4° Institutions de prévoyance et d'assurance ouvrières.

5° Mesures contre le paupérisme.

§ 1. — MESURES EN DEHORS DE LA LÉGISLATION OUVRIÈRE.

483. — **Échelle mobile des salaires** (*sliding scales*) : Dans certaines industries anglaises, en vertu d'une convention passée entre le patron et les ouvriers, le taux des salaires est déterminé arithmétiquement d'après le prix de vente du produit pendant le trimestre précédent.

Mais ce procédé ingénieux n'est applicable qu'à des produits simples comme la houille par exemple.

484. — **Participation aux bénéfices** : La participation des ouvriers aux bénéfices du patron est évidemment une des mesures les plus justes que l'on puisse proposer en vue de l'amélioration du sort des salariés ; mais cette mesure, excellente en elle-même, est d'application assez difficile : 1° parce que les ouvriers sont trop souvent nomades et changent parfois d'usine ou d'atelier plus d'une fois par an ; 2° parce que l'initiation des ouvriers aux résultats plus ou moins favorables de l'industrie du patron, les indiscrétions qui peuvent être commises sont loin d'être sans danger pour la prospérité d'une entreprise industrielle.

485. — **Juste salaire** : Ce n'est point là une revendication spéciale aux socialistes : l'école catholique admet le *juste salaire* et, dans l'encyclique sur la condition des ouvriers, S. S. Léon XIII ne

paraît pas reculer devant l'idée de la fixation d'un salaire minimum. Ce salaire devrait n'être pas inférieur à la limite de ce qui est nécessaire à la *vie décente* de l'ouvrier. L'école catholique admet généralement que ce salaire serait fixé par la loi.

La question du juste salaire n'est pas encore sortie du domaine de la spéculation économique pour entrer dans celui de la législation.

Le minimum de salaire n'existe qu'à l'état d'exception quand il s'agit d'adjudication de travaux publics. Les cahiers des charges doivent prescrire, pour les travaux de l'État, que le salaire moyen sera assuré aux ouvriers des chantiers de travaux publics.

Pourrait-on généraliser l'exception? Cela paraît difficile. Imposer un minimum de salaire à un industriel que cette obligation acculerait peut-être à la faillite serait excessif. « Ce serait même dangereux pour les ouvriers : — on aurait tué la *poule aux œufs d'or;* il n'y aurait plus de salaires puisqu'il n'y aurait plus d'industries[1] ».

486. — **Conseils d'usine :** Il existe en Allemagne et en Autriche surtout des *conseils d'usine* ou *conseils ouvriers* qui sont des conseils organisés dans certaines usines pour recevoir les plaintes des ouvriers, discuter les règlements d'atelier et participer au gouvernement intérieur de l'usine sans que, néanmoins, leurs décisions puissent lier le patron. — C'est en quoi les conseils d'usine diffèrent de nos conseils de prud'hommes qui sont de véritables tribunaux et dont les décisions sont exé-

1 M. Cauwès à son cours de 1903-1904.

cutoires. Les conseils d'usine n'ont qu'une autorité morale[1].

487. — **Robert Owen** : Il n'est que juste de remarquer que presque toutes les grandes institutions philanthropiques constituant la législation ouvrière ont été non seulement proposées mais mises en exercice, dans son usine de New-Lanark, par Robert Owen. Robert Owen a devancé la législation.

Owen tomba plus tard dans l'esprit de système, et fonda aux Etats-Unis la colonie communiste de New Harmony qui présente une grande analogie avec l'Icarie de Cabet (V. *infrà*, n° 568), dont la création n'aboutit qu'à un échec retentissant[2].

§ 2. — SYSTÈMES D'ORGANISATION PROFESSIONNELLE.

488. — **Condition des ouvriers après la Révolution** : L'abolition des corporations, la défense faite par les lois de la Révolution et par le Code pénal, aux ouvriers comme aux patrons de se constituer comme ils l'entendraient et d'agir au mieux de leurs intérêts, avaient substitué au régime ancien un véritable état inorganique.

Cet état était d'autant plus dangereux que les prohibitions édictées par la loi restaient à peu près sans effet à l'égard des patrons, car on ne pouvait empêcher les ententes secrètes entre les chefs d'usine à l'effet d'abaisser le salaire ou de refuser le travail[3].

Les ouvriers, au contraire, ne pouvaient, sans

1 Gide, p. 477.
2 Rambaud, p. 415.
3 Beauregard, p. 162.

tomber sous l'application de la loi pénale, essayer de faire prévaloir leurs prétentions en se concertant pour cesser le travail, en se *mettant en grève*.

489. — Droit de coalition : — les grèves : Le droit de *faire grève*, reconnu, en Angleterre, aux ouvriers dès 1824, leur fut accordé, en France, par la loi du 25 mai 1864.

Les grèves sont aujourd'hui parfaitement licites, — et, soit dit par parenthèse, ce sont les économistes classiques, les individualistes qui en ont proclamé la légitimité ; — mais avec cette restriction que les ouvriers auxquels il semble opportun de se concerter en vue d'une cessation de travail, commettent un délit s'ils essayent d'imposer la grève aux ouvriers qui ne veulent pas cesser de travailler.

490. — De là le conflit qui se produit de notre temps entre les « syndicats rouges » et les « syndicats jaunes » ; — les syndicats rouges animés de sentiments révolutionnaires et prêts à ne reculer devant aucun moyen pour triompher des patrons, — les syndicats jaunes tout aussi dévoués aux intérêts de la classe ouvrière, mais hostiles aux procédés violents, s'inspirant de considérations économiques, et disposés aux solutions transactionnelles qui peuvent être acceptées sans faiblesse.

491. — Les grèves produisent-elles de bons résultats ? Jusqu'à présent les événements semblent démontrer le contraire : elles font un tort incalculable à l'industrie nationale sans améliorer sensiblement la condition des ouvriers.

Personne aujourd'hui ne songe à contester la légitimité du droit de grève, mais les conséquences des grèves préoccupent à juste titre l'opinion.

492. — Les grèves seraient évidemment d'une efficacité beaucoup plus immédiate si tous les travailleurs faisaient grève. Aussi des propositions ont-elles été faites de mesures législatives rendant la grève obligatoire si elle était décidée par la majorité des ouvriers d'une industrie. C'est là une violente atteinte à la liberté du travail, et les ouvriers qui veulent travailler pourraient demander compte au Gouvernement des souffrances imposées à leurs familles par une grève qu'ils n'ont pas voulue.

493. — **Coalitions de patrons** (*lock out*) : D'ailleurs les coalitions d'ouvriers peuvent avoir pour corrélatif naturel les coalitions de patrons qui, dans le but de triompher des coalitions ouvrières, s'abouchent entre eux pour interrompre le travail (*lock out*) et ferment les ateliers simultanément jusqu'à ce que les ouvriers aient capitulé.

494. — **Arbitrage :** La meilleure solution d'une grève c'est l'arbitrage, l'interventiou d'un arbitre en cas de conflit entre patrons et ouvriers. En France, une loi récente a constitué *l'arbitrage facultatif*. C'est le juge de paix qui est chargé de le constituer (mais sans en faire partie lui-même), sur la demande de l'*une* des parties. Si l'autre partie refuse d'accepter l'arbitrage, son refus est affiché. La loi n'a pas d'autre sanction.

495. — **Droit d'association :** Il ne faut pas confondre le droit d'association avec le droit de coalition : la coalition a un caractère temporaire, l'association un caractère permanent. Le droit d'association n'a été accordé en France aux ouvriers que vingt ans après le droit de coalition.

496. — **Trade-Unions anglaises**[1] **:** Les associations ouvrières qui ont servi de type aux autres sont les célèbres *trade-unions* d'Angleterre. Les trade-unions, ont fait leur apparition vers la fin du XVIIIe siècle. Tolérées d'abord, elles furent ensuite proscrites en haine de la Révolution française dont elles professaient les idées.

497. — En 1871, elles ont conquis une place officielle dans la législation anglaise. Le trade-unionisme anglais, semble entraîné vers le socialisme Fabien (socialisation de la terre et des mines). Cependant il faut distinguer les trade-unions d'ouvriers qualifiés qui sont assez conservatrices, et les trade-unions d'ouvriers non qualifiés (beaucoup plus nombreuses que les précédentes), que leurs tendances portent vers l'internationalisme. M. Souchon raconte cependant à l'honneur de ces dernières le trait d'un négociant qui, mis en demeure, dans un mauvais moment d'élever le salaire de ses ouvriers, s'exécuta sans mot dire, puis, la crise passée, s'adressa à la trade-union dont ces ouvriers faisaient partie. L'association rendit au patron, l'excédent du salaire qu'il avait versé[2].

498. — **Associations ouvrières américaines :** Aux États-Unis, les associations ouvrières affectèrent d'abord la forme d'une société secrète. « Les chevaliers du travail » furent très redoutés jusqu'au moment où ils publièrent leurs statuts. Lorsqu'on vit que « ce n'était que cela », on cessa de les craindre mais ils perdirent tout crédit.

1 « Trade-union » association d'ouvriers d'une industrie ; — « trade-unions » réunion de plusieurs *trade-unions*.
2 M. Souchon, Cours de 1899-1900.

499. — Ils ont fait place à la *fédération américaine du travail* qui est, elle, une société secrète et qui compte un nombre immense d'adhérents.

500. — **Syndicats d'ouvriers de France :** Les syndicats ouvriers ont été autorisés en France et fonctionnent depuis 1884[1]. Ils sont restés à l'état de machines de guerre et n'ont guère servi jusqu'ici qu'à multiplier les grèves. Aux syndicats ouvriers, les économistes catholiques opposent les syndicats mixtes de patrons et d'ouvriers. M. Souchon disait à son cours[2] que ces syndicats ont peu réussi parce qu'ils sont beaucoup moins nombreux que les autres; mais si on juge les uns et les autres par leurs résultats, on constate que les syndicats ouvriers ont fomenté beaucoup de grèves inefficaces, et que bien des grèves ont été évitées par les syndicats mixtes. Où est le succès?

501. — **Contrat collectif de travail :** Théoriquement, il intervient entre chaque patron et chaque ouvrier des conventions débattues de gré à gré. Pratiquement les choses ne se passent ainsi que dans les tout petits ateliers où, par sa condition sociale, le patron ne diffère guère des ouvriers qu'il emploie.

Il n'en est pas de même dans la grande industrie. Des conditions générales sont proposées par le chef d'industrie; c'est à prendre ou à laisser. Il n'y a pas de place ici pour les contrats individuels.

L'ouvrier, dira-t-on est libre, d'accepter ou de ne pas accepter ces conditions générales, de s'embau-

1 Loi du 21 mars 1884.
2 M. Souchon, Cours de 1899-1900.

cher ou de ne pas s'embaucher. Ce n'est là qu'une apparence: la partie n'est pas égale entre le patron qui peut attendre, et l'ouvrier qui a besoin de son salaire pour vivre.

Il n'y a de contrat véritablement libre qu'autant que les groupements syndicaux interviennent et qu'ils traitent au nom de leurs membres, qu'ils fournissent aux patrons des équipes d'ouvriers à des conditions débattues par eux : il se forme alors un contrat collectif de travail.

502. — Est-ce légalement possible? La jurisprudence française reconnaît en général aux syndicats la personnalité civile et par conséquent la capacité de conclure des contrats pour le compte des ouvriers syndiqués[1].

503. — Les avantages de ce régime sont faciles à apercevoir : d'une part les ouvriers réunis en syndicats représentent une force et peuvent débattre leurs intérêts dans des conditions d'égalité avec les patrons. — D'autre part, dit M. Cauwès, il y a possibilité, entre les représentants du syndicat et certains délégués des patrons, formant ainsi une sorte de commission mixte, d'analyser avec compétence et avec calme les conditions où se trouve l'industrie, les concurrences dont il faut tenir compte, et quelle est la possibilité des augmentations de salaire et des diminutions de travail demandées[2].

504. — Le problème économique se dessine assez clairement, mais le problème juridique que

1 M. Cauwès à son cours, de 1903-1904. — B. Raynaud, *Le contrat collectif de travail*, p. 238 et s.
2 M. Cauwès, *ibid.*

soulève le contrat collectif passé par les syndicats ouvriers au nom de leurs membres présente des difficultés encore très imparfaitement résolues, et auxquelles nous ne pouvons donner place dans une œuvre aussi restreinte[1].

505. — **Le marchandage** : On appelle *marchandage* ou « contrat de mort » l'opération qui consiste pour l'entrepreneur à traiter non pas directement avec l'ouvrier mais avec un sous-entrepreneur. Ce système présente pour l'entrepreneur cet avantage qu'il le dispense de choisir des ouvriers et de les surveiller. — Il permet d'autre part à des salariés (les sous-entrepreneurs) de s'élever au rang de patrons. — Mais, par contre, il amène l'avilissement du salaire de l'ouvrier sur lequel le sous-entrepreneur prélève un profit.

506. — Le marchandage est commun en Angleterre, aux États-Unis, en Australie, c'est-à-dire dans des pays où l'immigration est importante et où les nouveaux arrivés, ne sachant comment trouver du travail, sont presque heureux de trouver un sous-entrepreneur qui les embauche et qui, pour un mince salaire leur demande parfois jusqu'à 15 heures de travail journalier.

507. — Le marchandage a été supprimé en France par un décret de 1848[2]. On ne peut s'empêcher d'envisager l'analogie qui existe entre le contrat collectif fait par le marchandeur, et le contrat collectif fait par le syndicat ouvrier. Le marchandeur et le syndicat ont cela de commun qu'ils

1 V. Raynaud, *loc. cit.*
2 M. Souchon, Cours de 1899-1900.

fournissent à l'employeur une équipe d'ouvriers. Mais il y a entre ces deux opérations une différence essentielle : le bénéfice que le marchandeur met dans sa poche, le syndicat en fait profiter ses membres.

508. — **La paix sociale par l'équilibre des forces organisées** [1] : L'organisation ouvrière et le contrat collectif, qui en est la conséquence essentielle, sont des institutions que la justice ne saurait désavouer : disons mieux : qui sont réclamées par la justice.

Mais n'y a-t-il pas quelque optimisme à les considérer comme des garanties certaines de la paix sociale? Cette garantie ressemble un peu à celle qui résulte des armements gigantesques de deux nations voisines « *Si vis pacem para bellum* ». Pour que la guerre n'éclate pas entre deux nations bien armées et bien organisées, il faut que chacune d'elles joigne à la conscience de sa force un sentiment très net des limites de son droit.

Patrons et ouvriers conserveront-ils toujours ce sentiment, en admettant qu'ils aient pu l'acquérir? Se contenteront-ils d'user de leur organisation sans être tentés d'en abuser? C'est un problème fort inquiétant.

La paix n'a été promise sur la terre qu'aux *hommes de bonne volonté*. Et la « bonne volonté des hommes » n'est pas du ressort de l'économie politique.

1 M. Bourguin à son cours. — Il va sans dire que, si nous ne partageons pas l'optimisme de M. Bourguin, nous serions très heureux que les événements nous contraignissent à nous y associer.

§ 3. — LA RÉGLEMENTATION LÉGALE DU TRAVAIL INDUSTRIEL.

509. — **Législation ouvrière :** On appelle ainsi un ensemble de lois qui tendent à constituer dans les fabriques modernes les garanties qui existaient autrefois dans le système corporatif : règlement des heures de travail, garanties du paiement des salaires, précautions contre le renvoi arbitraire des ouvriers, etc., — sans parler des mesures législatives qui correspondent à des préoccupations inconnues de nos pères, comme celles qui édictent des prescriptions hygiéniques dans l'intérêt des travailleurs.

510. — **Modification de l'art. 1780 du Code civil :** L'art. 1780 du Code civil avait cru faire assez pour les ouvriers en déclarant que « l'on ne peut engager ses services qu'à temps ou pour une entreprise déterminée » — et que « le louage de service fait sans une détermination de durée peut toujours cesser par la volonté de l'une des parties contractantes. »

Il en résultait que le patron pouvait sans aucun motif, congédier son ouvrier du jour au lendemain et le jeter, sans ressources, sur le pavé.

La loi du 27 décembre 1890, qui a complété l'art. 1780 a pensé remédier à cette situation en posant en principe que l'ouvrier congédié sans motifs pourrait réclamer des dommages-intérêts.

L'engagement à terme fixe pour un délai très court (pour la semaine par exemple) offre aux patrons un moyen très simple et très efficace de faire de la disposition nouvelle une lettre morte.

511. — **Travail des enfants :** La campagne

inaugurée en Angleterre dès 1802 contre le travail des enfants n'a abouti qu'en 1833 grâce à la persévérance de lord Schaftesbury. Les adversaires objectaient qu'il fallait laisser aux parents le soin de protéger leurs enfants. La vérité, dit M. Gide, est que beaucoup trop de parents en trafiquaient abominablement.

512. — En France, le travail des enfants dans les manufactures était interdit jusqu'à l'âge de douze ans; l'interdiction, depuis une loi de 1892, atteint le travail des enfants jusqu'à treize ans. Peut-être serait-il bon de relever cette limite jusqu'à quatorze ans, comme en Suisse et en Autriche.

513. — **Travail des femmes** : Quelques esprits intransigeants voudraient exclure les femmes des fabriques. La loi de 1892 limitait leur travail à 11 heures. — La journée de travail est, d'une manière générale tombée à 10 heures, par suite de l'application de la loi de 1900.

La loi de 1892 ne permet pas de faire travailler les femmes plus de six jours par semaine, exclut les travaux dans les mines et tous les travaux de nuit.

La loi anglaise exclut aussi le travail des femmes pendant une certaine période avant et après l'accouchement. Il y a sur ce point une lacune dans la loi française.

514. — **Travail des adultes** : La réglementation du travail des adultes a rencontré une vive opposition dans l'école libérale qui y voyait une atteinte à la liberté des conventions. Cependant c'est une théorie fort en faveur dans les milieux ouvriers qui ne tiennent pas à voir leur *liberté* si

bien défendue. — Les *trois huit* de la chanson anglaise (huit heures pour travailler, huit heures pour se reposer, huit heures pour dormir[1]) sont populaires.

515. — Les premières applications de la limitation du travail des adultes ont été tentées en Suisse dans le canton de Glaris et généralisées dans plusieurs autres cantons. — Une loi de 1848 limita en France la journée de travail à 12 heures[2].

516. — Nous considérons comme une mauvaise solution celle qui consisterait à laisser cette limitation à l'initiative des municipalités.

517. — En 1899, la journée de travail avait été abaissée à 11 heures, même pour les hommes adultes, dans toutes les fabriques où sont employés des femmes et des jeunes gens de moins de dix-huit ans. — Enfin une loi de 1900 décida que, dans quatre ans, la durée de la journée de travail serait limitée à 10 heures. Ce nouveau régime est entré en vigueur le 1er avril 1904.

518. — La limitation de la journée de travail fait-elle, comme on l'a soutenu, échec à la production? Non. La production ne dépend pas tant de la *durée* du travail que de son *intensité*. Les pays à plus courte journée (Australie, Angleterre, Etats-Unis) sont aussi les pays à plus haut salaire et à plus grande production.

519. — **Inspection du travail :** Comme toute réforme, en notre pays, aboutit fatalement à

1 Ajoutez « huit schillings par jour » ce qui fait en réalité *quatre huit* et non pas *trois*.
2 Gide, p. 488.

une création de fonctions publiques, (les sceptiques disent « de sinécures »), la législation ouvrière a institué un service d'inspection du travail dont on pourrait attendre de bons effets si la surveillance des inspecteurs ne se traduisait parfois par des vexations inintelligentes dont se plaignent, à notre connaissance personnelle, les patrons et les ouvriers.

520. — **Travail à domicile** : Dans tous les cas, il est un travail qui échappe à toute surveillance : c'est le travail à domicile, et nous avons dit ailleurs que ce travail donne lieu à de graves abus (V. *suprà*, n° 169, *Sweating system*).

521. — **Le truck system** : Le « truck system » est le paiement de l'ouvrier par le patron en *bons de consommation*. Ce système pouvait être bon dans certains cas, alors par exemple, que les objets nécessaires à la vie étaient difficiles à se procurer. Mais qu'arrivait-il? C'est que certains patrons se faisaient les fournisseurs de leurs ouvriers et les exploitaient.

Le « truck system » a été interdit en Angleterre par deux lois de 1831 et de 1835. Des prohibitions analogues ont été édictées aux États-Unis, en Allemagne... Nous n'avons pas en France de prohibition analogue[1].

522. — Nous retrouverons au paragraphe suivant (prévoyance et assurance ouvrières) un certain nombre de dispositions qui font partie de la législation ouvrière, telles que celles qui instituent des caisses de retraite, ou qui réforment le système de l'art. 1382 du Code civil en ce qui concerne les

1 M. Souchon, Cours de 1899-1900.

accidents du travail (V. *infrà*, nos 532 et 533).

§ 4. — INSTITUTIONS DE PRÉVOYANCE ET D'ASSURANCE OUVRIÈRES.

A

523. — **Caisses d'épargne** : Les caisses d'épargne sont des établissements destinés à faciliter l'épargne en se chargeant de la garde des sommes épargnées. Ce sont, dit M. Gide, « des tirelires perfectionnées » car les tirelires ne rendent que ce qu'on leur a confié, tandis que les caisses d'épargne servent un petit intérêt aux déposants[1].

Les caisses d'épargne ne sont point, à proprement parler, des institutions de *prévoyance ouvrière* : elles sont faites pour tout le monde, — et dans tous les cas, pour toutes les petites bourses.

Mais, comme les ouvriers sont précisément au nombre des « petites bourses » qui sont appelées à en faire le plus grand usage, nous croyons devoir leur donner place dans ce chapitre.

524. — *Caisses d'épargne privées et caisse d'épargne postale* : Les caisses d'épargne ont été d'abord des institutions privées. — Il y a, depuis 1875, une caisse d'épargne d'Etat : la caisse d'épargne postale. C'est une imitation assez tardive de ce qui se fait en d'autres pays : la caisse d'épargne d'Autriche, notamment, est célèbre par la perfection de son mécanisme.

525. — Nous avons entendu demander en examen : pourquoi, en créant la caisse d'épargne postale,

1 Gide, p. 603.

l'État n'avait pas supprimé les caisses d'épargne privées, — et le professeur répondre lui-même : « parce qu'elles existaient ». C'est peu dire : l'État n'avait pas plus le droit de supprimer les caisses d'épargne privées qu'il n'a celui de confisquer à son profit les assurances et d'imposer aux déposants une confiance en lui que tous ne sont pas également disposés à lui attribuer.

526. — Il a déjà été très loin en imposant aux caisses d'épargne privées l'obligation de verser leurs fonds à la Caisse des dépôts et consignations, dont la solvabilité peut ne pas paraître à certains déposants supérieure à celle des individualités honorables auxquelles ils avaient donné leur confiance.

527. — Il y a du reste imprudence pour l'État à accepter des dépôts qu'il est obligé de rembourser immédiatement. Aussi s'est-il donné des délais de remboursement (*clause de salut*) dont il ne devrait pas avoir besoin si, fidèle aux obligations d'un dépositaire, il ne se servait pas des fonds qui lui sont confiés[1].

528. — Une autre critique est dirigée contre l'État : il se fait juge des placements des caisses d'épargne et ne permet l'emploi qu'en rentes sur l'État. Toutefois, par une innovation timide de la loi de 1895, une certaine liberté a été accordée à la Caisse des dépôts et consignations pour les placements ; on lui a permis notamment d'en affecter une partie aux entreprises de logements ouvriers[2].

1 M. Alglave à son cours de législation financière de 1902-1903.
2 Gide, p. 604 à la note.

B

529. — **Assurances :** Il faut compter parmi les mesures les plus efficaces pour améliorer la situation des salariés, celles qui ont pour effet, sous des noms divers, de les protéger contre les risques qui les menacent et dont les plus graves sont : 1° la maladie; 2° le chômage; 3° les accidents; 4° la vieillesse. On peut grouper ces diverses mesures sous une dénomination unique; nous les appellerons : *les assurances.*

530. — *a*) **Sociétés de secours mutuels :** Les sociétés de secours mutuels contre la maladie sont déjà assez anciennes. Il en existe à peu près dans tous les pays.

531. — *b*) *Assurances contre le chômage.* Le chômage est un des risques les plus graves que court l'ouvrier. On a fait de nombreuses études et même des expériences, dans ces derniers temps, pour tâcher de conjurer ce risque. — Il a été créé par les communes, dans diverses villes de Suisse, des sociétés d'assurance facultative contre le chômage; et même à Saint-Gall, une *assurance obligatoire*. Ces assurances n'ont jusqu'ici que peu de succès.

532. — *c*) **Accidents industriels. — Loi du 9 avril 1898 :** A ce péril qui menace à chaque instant l'ouvrier, il y a trois remèdes possibles :

1° Initiative des ouvriers qui s'assurent d'eux-mêmes.

2° Initiative des patrons qui assurent les ouvriers.

3° Intervention de l'État : *a*) soit qu'il pose le principe de l'assurance obligatoire; *b*) soit qu'il se fasse lui-même assureur; *c*) soit qu'il se contente de faciliter l'assurance.

Jusqu'en 1898 les accidents survenus aux ouvriers étaient soumis au régime de l'art. 1382, c'est-à-dire que le patron n'en était responsable qu'autant qu'une faute quelconque pouvait lui être imputée.

La loi de 1898, impose en tout cas aux patrons la charge des accidents, à titre de *risque professionnel*. — Elle impose à l'État la charge de garantir les ouvriers contre l'insolvabilité des patrons et, pour couvrir l'État lui-même de cette responsabilité, elle majore légèrement la patente des industriels. — Enfin elle ajoute un paragraphe à l'art. 2101 du Code civil.

533. — *d*) **Caisses de retraites :** Le problème des retraites ouvrières est résolu de façon diverses suivant les États :

534. — *Système allemand :* La moitié de la prime est à la charge du patron, la moitié à la charge de l'ouvrier, mais l'État vient au secours des uns et des autres en s'engageant à verser 50 marcs par an pour chaque retraite.

Ce mécanisme, dit M. Gide, qui englobe 18 millions d'assurés, constitue la plus grandiose expérience de socialisme d'État que l'on ait osé tenter.

535. — Chez nous, l'État s'est borné à constituer depuis assez longtemps une caisse nationale des retraites qui fait aux ouvriers des conditions un peu plus avantageuses que les compagnies d'assurances.

De plus, l'État s'est engagé à majorer jusqu'à concurrence de 360 francs les pensions de retraite de ceux qui auraient déjà fait des versements à cet effet dans une société de secours mutuels.

Un projet déposé par M. Guieysse se formulerait en ces trois points principaux : assurance obligatoire, 0 fr. 10 par jour versés par le patron, 0 fr. 10 versés par l'ouvrier.

C

536. — **Sociétés coopératives :** Un certain nombre d'économistes et nous nous y rallions, voient dans la coopération le moyen le plus efficace et la meilleure chance d'amélioration du sort des salariés.

537. — Les sociétés coopératives peuvent être ramenées à quatre types.

1° Soc. c. de consommation ;
2° » » de production ;
3° » » de crédit ;
4° » » de construction.

538. — **Sociétés de consommation :** Elles ont pour but de faire bénéficier les ouvriers de l'écart entre le prix du gros et le prix du détail. Cependant elles ne vendent pas les denrées achetées aux ouvriers au prix du gros, mais bien au prix du détail : seulement le bénéfice de l'opération est pour les ouvriers eux-mêmes. Les sociétés de consommation les plus célèbres sont le *Wholesale* (magasin en gros de Manchester)[1] la *Maat-*

1 « En 1909, les sociétés de consommation anglaises et écossaises comprennent près de 1.900.000 membres. Au sommet, deux magasins de gros (Wholesales societies) l'un anglais (Manchester), l'autre écossais, fondés par les

schapy Vooruit de Gand et surtout la célèbre société fondée en 1844 par Owen : *les équitables pionniers de Rochdale.*

539. — **Sociétés de production** : Ces sociétés ont pour but de supprimer le patron. Elles font des ouvriers leurs propres patrons.

Elles furent imaginées par Buchez en 1834.

540. — On peut objecter à la formation de ces sociétés : 1° le défaut d'éducation économique des ouvriers ; 2° la difficulté qu'elles ont à recruter un personnel dirigeant : on n'aime pas à être le subordonné de gens qui en savent infiniment moins que vous ; 3° le défaut de capital ; 4° leur tendance à reconstituer le patronat.

Ou, en effet, ces sociétés ne réussissent guère, ou elles dégénèrent en sociétés de patrons. C'est ce qui est arrivé pour l'association des lunetiers de Paris, dont les actions émises il y a plus de 50 ans à 500 francs sont demandées aujourd'hui à 50.000 francs ; la société n'admet plus de nouveaux membres, elle s'est fermée : et les ouvriers n'y entrent plus qu'à titre de salariés [1].

541. — La verrerie d'Albi a une existence assez peu brillante.

sociétés fédérées, font pour elles les achats en gros et fabriquent, dans leur propre établissement, les articles d'alimentation et d'habillement d'un usage courant. — La direction appartient non pas aux capitalistes, non pas même aux ouvriers et employés, mais aux consommateurs associés. » — Bourguin, *Les sytèmes socialistes*, p. 106.

En 1893, les wholesales de la Grande-Bretagne, qui approvisionnaient alors 1655 sociétés coopératives de consommation, ont traité pour quatorze millions de francs à l'étranger (Comte de Rocquigny, *Réforme sociale* du 1er nov. 1895).

1 M. Souchon, Cours de 1899-1900. — Mais il faut ajouter que les salariés peuvent au bout d'un certain temps devenir des actionnaires. Les statuts de la société dont nous avons pris connaissance sont en somme très ingénieux et très bien faits.

Citons encore : le familistère Godin (fonderie de Guise) ; — les établissements de peinture Leclaire. Ces deux dernières institutions sont dues à la générosité des patrons.

Dans les établissements Leclaire, ce sont les anciens ouvriers qui forment le noyau de l'association. Il y a des sous-associés qui touchent une part moindre ; puis viennent des auxiliaires qui ne sont que des salariés, comme les ouvriers qui se mettent au service de l'association des lunetiers de Paris [1].

542. — D'après M. Cauwès, il y aurait en France environ 250 associations coopératives de production de vitalité médiocre [2].

543. — En revanche, certaines sociétés de production ont réussi parce qu'elles ont commencé par être de simples sociétés de consommation. Les équitables pionniers de Rochdale ont commencé par acheter en gros, puis ils ont fabriqué pour leur consommation personnelle ; ils ont vendu ensuite au public les produits de leur fabrication, aujourd'hui ils ont de nombreuses usines et une flottille de cinq bâtiments.

C'est là une marche excellente, mais nous ne voulons point tomber dans l'exagération de certains économistes qui enseignent que toute société coopérative de production doit commencer par être une société coopérative de consommation. La création au début d'une association coopérative de consommation qui se transforme par la suite en société de production, est un procédé qui, pour avoir

1 M. Cauwès, Cours de 1902-1903.
2 *Ibid.*

donné de bons résultats, n'exclut pas les autres[1].

544. — **Sociétés de crédit :** C'est en Allemagne, sous l'inspiration de Schultze-Delitsch, que se sont créées les banques populaires : elles ont pour caractère essentiel la solidarité illimitée de tous leurs associés.

Le système Schultze-Delitsch diffère du système Raiffeisen en ce que les banques Schultze-Delitsch distribuent des dividendes à leurs actionnaires. M. Gide ajoute qu'elles sont plus laïques !

545. — **Sociétés de construction :** Le problème du logement, inconnu des sociétés antiques, est un des plus intéressants de notre époque. Comment peut-il être résolu en faveur des classes pauvres? C'est à cette question qu'essaient de répondre :

1° Les sociétés coopératives de construction ;

2° Certaines sociétés mi-capitalistes, mi-philanthropiques dont le type originaire est la société qui fonctionne à Mulhouse ;

3° Des fondations perpétuelles gratuites ;

4° Des entreprises de constructions assumées par les municipalités elles-mêmes, comme à Berne, à Glascow ;

5° Enfin le système plus modeste de Miss Octavia Hill de Londres qui consiste dans la location et l'aménagement de logements ouvriers par des sociétés philanthropiques.

Philadelphie a reçu le nom de *City of homes* à raison du nombre et du succès de ses sociétés de construction.

1 M. Cauwès à son cours de 1902-1903.

L'Angleterre a ses *buildings societies*, sociétés formées en vue de procurer aux ouvriers des logements, mais qui ne se chargent pas elles-mêmes de la construction des maisons, elles prêtent simplement de l'argent pour bâtir suivant des combinaisons très ingénieuses et très économiques[1].

D

546. — **Habitations ouvrières** : Les sociétés de construction nous présentent un des aspects de ce problème si inquiétant des habitations ouvrières. Quel est l'homme tant soit peu mêlé aux œuvres religieuses ou philanthropiques, qui n'ait pénétré dans ces taudis sans air, sans lumière où s'entassent les familles des ouvriers des grandes villes?

Le législateur s'est occupé, chez nous, des habitations ouvrières dans deux lois : la loi du 30 novembre 1894 et la loi du 31 mars 1896. — La loi du 30 novembre 1894 visait dans son titre les *habitations ouvrières*. Sur les observations présentées par la commission, cette appellation fut remplacée par celle d'*habitations à bon marché* (moins de 132 francs de valeur de location).

Ces habitations bénéficient d'un régime d'exception à condition que leur propriétaire ne possède aucun autre immeuble.

De plus : 1° elles échappent aux art. 826 et 832 du Code civil.

2° Des procédés de crédit ont pour but d'ouvrir aux travailleurs le moyen de parvenir à la propriété de l'habitation à bon marché.

1 M. Gide.

3° Des exemptions d'impôt sont accordées aux propriétaires pendant les premières années [1].

(La loi de 1896 n'a fait que modifier la loi de 1894 au point de vue de quelques détails d'application).

547. — Après avoir constaté la gravité du problème des logements ouvriers, M. Gide ajoute : « le seul remède efficace serait dans une évolution en sens contraire de celle qui s'est manifestée jusqu'à présent, à savoir l'arrêt de la croissance des grandes villes et le retour dans les campagnes des populations qui les ont désertées [2].

En Angleterre, où l'on discute peut-être moins que chez nous, mais où l'on expérimente davantage, des essais d'émigration des industries dans les campagnes ont été tentés et ont eu pour conséquence la création de *cités jardins* où les ouvriers retrouvent une existence plus salubre et la dignité du foyer [3].

§ 5. — MESURES CONTRE LE PAUPÉRISME.

548. — **Le paupérisme :** La pauvreté, la misère, le paupérisme sont trois expressions qui ne doivent pas être confondues.

M. Beauregard donne ces trois définitions :

« La *pauvreté* est la situation de l'homme réduit par l'exiguité de ses ressources à une vie étroite.

« La *misère* est un état où l'on manque des

1 *Réforme sociale* du 16 janvier 1898.

2 Gide, p. 592.

3 Consulter sur ce point l'excellent et très intéressant opuscule « les *cités jardins* » publié par M. Benoît Lévy à son retour d'un voyage d'études en Angleterre.

ressources strictement nécessaires à l'entretien de la vie.

« Le *paupérisme* est la misère à l'état endémique, celle dont on ne peut plus se relever »[1].

549. — **Du droit à l'assistance :** Les indigents doivent-ils être assistés? Il semble que la réponse affirmative ne puisse faire de doute. — Cependant, la question est plus complexe qu'elle ne paraît d'abord.

Parmi les indigents, il y a des individus qui ne *peuvent* pas travailler; il y en a d'autres qui ne *veulent* pas travailler.

La Société ne peut échapper à la nécessité d'assister les indigents de la première catégorie, ceux que l'âge, la maladie empêche de travailler, ceux qui ne trouvent pas de travail. Quant aux autres, ils ne méritent pas d'être assistés : mais, la Société peut juger prudent de les assister quand même, parce qu'ils constituent un péril social.

550. — **Assistance facultative et assistance légale :** Au point de vue de la législation sur l'assistance publique, les pays d'Europe peuvent se diviser en deux catégories bien tranchées : les pays protestants admettent le principe de l'assistance publique *obligatoire*, tandis que les pays catholiques n'admettent que l'assistance facultative (non inscrite dans la loi). La raison de cette opposition est historique. Les congrégations religieuses, pendant tout le moyen-âge, avaient pris à leur charge l'entretien des indigents, et dans les pays où la Réforme s'introduisit, l'Etat, en spoliant les

1 Beauregard, p. 169.

communautés, accepta quelques-unes de leurs charges, entre autres, l'assistance.

551. — **L'assistance publique en Angleterre :** En Angleterre, l'assistance publique remonte au règne d'Elisabeth. Les pauvres sont envoyés dans des *workhouses* ou entretenus à domicile aux frais de la paroisse.

Il est pourvu à cette dépense par un impôt spécial le *poor rate* qui ne produit pas moins de 8.000.000 £[1].

552. — **L'assistance publique en France :** En France, l'assistance publique est facultative, et on lui reproche, non sans quelque raison peut-être, son insuffisance. — Ses ressources sont limitées et l'on fait peut-être trop souvent retomber sur le défaut de zèle de son personnel des faits regrettables qui sont, en réalité, la conséquence de la pauvreté de son budget.

553. — **L'école classique et l'assistance :** L'école classique, surtout depuis Malthus, proteste contre l'assistance obligatoire, sous prétexte que le nombre des indigents augmente avec la quotité des secours. On dit :

1° Le droit à l'assistance tend à développer l'imprévoyance.

2° Il pousse à la multiplication dans les classes pauvres (Malthus).

3° Il tend à affaiblir les classes productives de la société au profit des classes improductives.

Il faut prendre garde à ne pas confondre les mots « assistance privée », « assistance publique

1 Gide.

facultative » et « assistance publique obligatoire » (*droit à l'assistance*).

L'expression assistance « légale » est équivoque; elle n'est pas synonyme d'assistance obligatoire (ou du moins pas nécessairement). L'assistance publique est organisée par des lois ou décrets; en ce sens, elle est *légale*, mais, jusqu'ici, elle n'est pas *obligatoire* dans notre pays.

554. — Tous ces arguments n'ont rien de commun avec la morale : il est vrai qu'ils n'ont pas la prétention d'être autre chose que de l'économie politique. Peut-être n'arrive-t-on pas à une solution, parce que l'on introduit dans le domaine politique une question qui est *surtout* et peut-être *exclusivement* du domaine de la morale.

555. — **Assistance par le travail** : Pour l'indigent qui n'est pas un travailleur régulier, — pour le paresseux, pour le débauché, l'assistance, d'après M. Cauwès, doit consister à lui fournir un travail *non professionnel*, c'est-à-dire une besogne qui ne constitue pas une concurrence aux travailleurs réguliers [1].

C'est ainsi que dans les temps de neige, un fort contingent d'irréguliers vient renforcer les équipes des balayeurs de Paris.

556. — **Droit au travail. — Ateliers nationaux** : Faut-il aller plus loin et dire que la Société doit un revenu légitime à l'ouvrier qui chôme involontairement?

Ce fut par application de cette conception du droit au travail, que furent institués, en 1848, les *ateliers nationaux*.

1 M. Cauwès, Cours de 1903-1904.

C'est à tort que la création des ateliers nationaux a été attribuée à Louis Blanc. Les « ateliers sociaux » préconisés par Louis Blanc étaient des sociétés coopératives de production qui devaient être fondées par des ouvriers d'élite à la faveur de prêts sans intérêts (ou tout au moins productifs d'intérêts très faibles) consentis par l'État.

Les ateliers nationaux ne sont qu'une forme d'assistance. Ils furent imaginés par Marie et quelques autres membres du gouvernement provisoire de 1848. — Louis Blanc, dans l'*Histoire de dix ans*, proteste énergiquement contre la paternité qui lui est attribuée ; — et la justice de ces protestations est établie dans l'*Histoire des ateliers nationaux* écrite par Thomas, leur directeur.

Il semblerait même que les *ateliers nationaux* de 1848, s'ils avaient pour but d'occuper les ouvriers sans travail, avaient été créés avec l'arrière-pensée de ruiner dans l'opinion les *ateliers sociaux* de Louis Blanc.

Des grèves éclatèrent de toutes parts : les ateliers sérieux, ceux où l'on travaille, étaient désertés, tandis que les ateliers nationaux donnaient le spectacle scandaleux d'une école de paresse. Il fallut supprimer cette dangereuse institution et sa suppression eut pour contre-coup les sanglantes journées de juin [1].

557. — Mais la question reste ouverte et sollicite l'attention de tous les penseurs en faveur des mesures destinées à prévenir le chômage ou à en atténuer les souffrances (assurances, mutualités, caisses de secours, etc.).

1 Conf. Beauregard, p. 174.

DEUXIÈME PARTIE

LES MODES SOCIALISTES DE LA DISTRIBUTION DES RICHESSES.

CHAPITRE PREMIER

CRITIQUE DU MODE EXISTANT.

558. — **Le mode existant doit-il être maintenu ?** Stanley Jevons compare l'opération productive... à la cuisine des trois sorcières de Macbeth qui jettent et agitent dans leur chaudron les substances les plus hétérogènes pour composer leur infernale mixture... Toute la question est de savoir si chacun « *retire de la masse une somme équivalente à celle qu'il y a mise* » (Gide).

— Voici, par exemple, un virtuose qui gagne 10.000 francs par soirée, et un ouvrier mineur qui gagne 4 francs par jour. Cette répartition, cette part faite à chacun d'eux dans la richesse produite, est-elle conforme à la justice et peut-on dire que le virtuose et l'ouvrier retirent chacun de la masse la valeur qu'ils y ont mise?

Oui, répondent en général, les économistes. Qu'est-ce qui fixe la valeur d'une chose? Le désir de celui qui la demande. Or, si le public ne veut pas donner plus de 4 francs du travail de l'ouvrier, c'est que pour lui, ce travail ne vaut point davantage; s'il donne du travail du virtuose une valeur considérable, c'est qu'il attribue cette valeur à la satisfaction qu'il en attend.

Le public est mauvais juge? C'est possible; mais il est *seul* juge et il n'est pas possible d'appeler de sa sentence.

559. — Eh! bien! non! Ce raisonnement ne nous satisfait point : de ce qu'un juge prononce en dernier ressort, il ne résulte pas que son jugement soit équitable.

Ce que l'on peut invoquer en pareille occurrence, ce n'est pas la justice pure, c'est tout au plus l'impossibilité de faire mieux; et nous ne justifierions pas le mode de répartition existant, si nous ne démontrions que les modes proposés pour le remplacer ne valent pas mieux. Le jour où un mode de répartition plus juste et praticable serait découvert, il ne faudrait pas hésiter à abandonner le mode existant, à la condition toutefois que ce mode de *répartition* n'ait pas sur la *production* un contre-coup si fâcheux que celle-si s'en trouve considérablement diminuée.

560. — *Inégalité des richesses* : Il y a des inégalités de fortune qui sont justes; mais il y en a d'autres aussi qui sont parfaitement injustes. Ce serait folie de vouloir supprimer entre les hommes

une inégalité qui se rétablirait bientôt : mais c'est une préoccupation légitime de chercher autant que possible à mettre les richesses dans un rapport plus équitable avec les œuvres.

CHAPITRE II

LES MODES SOCIALISTES.

---

561. — **Fondement commun de toutes les doctrines socialistes :** Toutes les écoles socialistes voient le vice des sociétés dans la *concurrence* et la *propriété individuelle;* mais toutes ne sont pas d'accord sur le remède à apporter au mal : il y a des degrés divers dans le socialisme. Ces degrés sont : 1° le communisme qui rêve d'une communauté générale; 2° le collectivisme, qui se contenterait de supprimer la propriété pour les *instruments de production;* 3° le nationalisme ou socialisme agraire qui veut seulement nationaliser la terre et les maisons, c'est-à-dire abolir la propriété en ce qui les concerne.

562. — Les écoles socialistes ne nient pas les lois naturelles, mais elles soutiennent que leur évolution aboutit au socialisme. Toutes, sauf la secte anarchiste, font appel à l'intervention de l'État.

563. — *Partage égal:* Nous ne croyons pas qu'il faille ranger les *partageux* parmi les socialistes. —

Cependant comme il faudrait remettre toutes les richesses en commun pour les partager, le partage égal débuterait par une socialisation. Ce partage égal ne peut aboutir qu'à une déception : la fortune publique en France est de 244 milliards : mais il faut défalquer 30 milliards de rentes sur l'État et 18 milliards de créances hypothécaires qui sont des créances de Français sur d'autres Français ou sur l'ensemble de la nation. — Reste environ 190 milliards qui, divisés par 18 millions de Français, donneraient pour chacun 1260 francs. Ce n'est pas le Pérou.

Alors, disent les véritables écoles socialistes, si le partage est si difficile, ne partageons pas.

SECTION I

Le socialisme utopique.

564. — **Communisme** : Le communisme est le système qui consiste à laisser tout en commun entre les membres de la société comme entre les membres d'une même famille. Chacun prendra suivant ses besoins dans le fonds commun et fournira le travail que comportent ses forces et sa capacité.

565. — **Les apôtres du communisme** : On rencontre des théories communistes dans la République de Platon : mais ce communisme est si loin du nôtre, qu'on ne peut guère y rattacher les doctrines contemporaines.

566. — Les communistes peuvent, en revanche, revendiquer pour ancêtre Thomas Morus (1480-

1535) chancelier d'Angleterre sous Henri VIII, envoyé à l'échafaud par ce prince. Sous le nom d'*Utopie* (le pays qui n'a pas de place οὐ τοπος sur la carte), il a décrit un pays imaginaire où fonctionne un régime communiste. Il faut citer aussi l'ex-dominicain Campanella, auteur de la « *Cité du soleil* ». Même procédé d'exposition des théories communistes que dans l'*Utopie* de Morus : découverte au pays de Taprobane d'une république communiste dont la description tombe trop souvent dans l'obscénité.

Fénelon a fait du communisme dans Télémaque.

Gracchus Babœuf conspira en faveur de cette doctrine et se fit exécuter sous le Directoire (*Conspiration des Égaux*).

567. — Parmi les écrivains du siècle dernier, il n'y a guère que Cabet qui soit franchement communiste.

568. — **Cabet. — Le voyage en Icarie :** Cabet est surtout connu par la publication de son roman l'*Icarie* (imité de l'*Utopie* de Thomas Morus) et par la fondation dans l'État d'Iowa d'une colonie communiste, l'Icarie, peu florissante.

Le système communiste ne peut réussir que dans les très petites sociétés soumises à une discipline très sévère.

569. — **Anarchisme :** Le communisme a repris quelque faveur dans ces derniers temps sous une nouvelle forme : « l'anarchisme ».

Le but de l'anarchisme est le développement intégral et sans frein de l'individualité humaine : *ni Dieu ni maître !*

Le seul mode de répartition qu'il admette, c'est

« la prise au tas ». Les anarchistes supposent que tout rationnement deviendra inutile par suite de la surabondance des richesses.

Leur thèse suppose deux postulats :

1° Surabondance de tous les produits en telle quantité que personne n'ait plus d'intérêt à se les disputer.

2° Bonne volonté entre tous les hommes réalisée simplement par un changement de milieu social.

570. — **Saint-Simonisme :** La doctrine Saint-Simonienne formulée par le marquis de Saint-Simon, mais qui a eu pour propagateurs ses disciples Bazard et Enfantin, est un socialisme aristocratique dont la formule est : « à chacun selon ses œuvres ».

Mais qui jugera le mérite des œuvres de chacun? C'est le prêtre!

Le Saint-Simonisme n'admet pas l'hérédité. A qui seront donc dévolus les biens d'un individu après son décès? Au plus digne. Qui le désignera? Toujours le prêtre[1].

571. — *Fouriérisme*[2] : Fourier a donné pour pivot à la société future le *travail attrayant*. Le labourage, la cordonnerie, le curage des égouts deviennent autant de sports.

Il a découvert — il en donne le jour, c'était un vendredi saint — le secret de l'association universelle. Les sociétés animales (castors, fourmis) lui en ont fourni le type.

1 Cette idée du « prêtre » est-elle bien une création de Saint-Simon? Il semble que le prototype de ce personnage est emprunté à la *Cité du soleil* de Campanella.

2 Fourier a publié ses écrits en 1808, mais ils n'attirèrent l'attention qu'en 1830.

Fourier qui était célibataire, supprime la vie de famille qu'il remplace par la vie en commun plus économique du phalanstère (*Coutumes d'harmonie*).

572. — L'adoption des doctrines de Fourier devait, dans la pensée de leur auteur, transformer non seulement la société, mais même la nature : les hommes vivraient désormais 144 ans; la mer produirait des *antibaleines* qui traîneraient les navires, et la terre des *antipuces*, etc. Ce qui autorise à se demander si Fourier était aliéné ou s'il se moquait de ses lecteurs.

573. — Si, du *pays d'Harmonie* de Fourier, nous émigrons dans l'*Icarie* de Cabet, nous marcherons au milieu de félicités nouvelles, moins invraisemblables d'ailleurs : « Un comité de savants institué par la représentation nationale, aidé par tous les citoyens, a fait la liste de tous les aliments connus, en indiquant... les bonnes et mauvaises qualités de chacun...

« C'est la loi qui admet ou prohibe un aliment quelconque ».

« ... Le magasin a pour chaque famille une corbeille... marquée du numéro de sa maison et contenant sa provision de pain, de lait, etc., il a même toutes ses mesures doubles de manière à porter l'une pleine et l'autre vide... Chaque maison contient à l'entrée une niche disposée d'avance à cet effet, dans laquelle le distributeur trouve la mesure vide et la remplace par la mesure pleine[1] ».

M. de Molinari fait remarquer que ce régime enchanteur rencontre quelques analogies dans le régime des prisons[2].

1 Cabet, *Voyage en Icarie*, p. 52.
2 De Molinari, *Conversations sur le commerce des grains*, p. 129.

SECTION II

Le socialisme scientifique.

574. — **Les socialistes contemporains et la doctrine de l'évolution** : Quand on a lu les élucubrations extraordinaires de Fourier, de Cabet, et même de Saint-Simon, dont les divagations s'éclairent parfois de véritables traits de lumière, on ne s'étonne pas que les socialistes contemporains aient répudié l'héritage de leurs ancêtres.

L'école moderne ne veut avoir rien de commun avec les *utopistes* : elle déclare se tenir à l'écart de toute velléité sentimentale. Depuis Karl Marx, elle ne s'inspire plus de l'idée de justice, c'est elle qui l'affirme.

Le nouveau socialisme s'intitule « socialisme scientifique ». Pourquoi? Parce que sa doctrine, au lieu de procéder de conceptions sentimentales, procéderait de la science sociale, de l'observation historique du mouvement social : et, dans ce mouvement social, voici les faits qu'il relève :

La concurrence aboutit au monopole de fait; à une nouvelle organisation de la production, doit correspondre une nouvelle organisation de la répartition. La propriété a eu sa raison d'être : elle a été le meilleur facteur de la production ; mais sa concentration actuelle a rompu l'équilibre social au profit de quelques privilégiés. Sur le terrain de la répartition, la concentration produit une désharmonie funeste à laquelle il convient de mettre fin[1]. L'é-

1 M. Deschamps à son cours de 1901-1902.

volution de la production a pour corrélatif et pour conséquence fatale l'évolution de la répartition, et cette évolution aboutit nécessairement au socialisme.

575. — **Collectivisme** : C'est un communisme mitigé qui propose de mettre en commun seulement les instruments de production, c'est-à-dire la terre et les capitaux, et, quant aux produits, de les laisser sous le régime de la propriété individuelle, sauf à les mieux répartir.

« Le pur collectivisme, dit M. Bourguin, se caractérise par les deux traits suivants : tous les moyens de production, de circulation et d'échange appartiennent à la communauté nationale et sont exploités sous sa direction : tous les travaux et produits ont une valeur taxée en unités de travail suivant la quantité de travail dépensée, de telle sorte que les travailleurs peuvent acquérir les produits à proportion de leurs travaux, sans prélèvement capitaliste[1] ».

575 *bis*. — Expliquons-nous avec plus de précision encore. Sous le régime collectiviste, l'instrument des échanges ne consiste plus en numéraire, mais en *bons de travail*.

L'ouvrier qui fabrique un objet est payé au moyen d'un nombre *n* de bons de travail. S'il voulait racheter son produit, il le paierait à raison du même nombre *n* de bons de travail[2].

576. — **Rodbertus** : Le précurseur des grandes

1 Bourguin, *Les systèmes socialistes et l'évolution économique*, p. 7.

2 M. Deschamps, Cours de 1901-1902 (Nous supposons pour ne pas compliquer le problème que la « cote en travail » et la « cote en prix » sont absolument égales, ce qui n'est pas).

doctrines collectivistes est Rodbertus qui écrivait dans la première moitié du XIXe siècle[1]. Le nom de collectivisme fut employé pour la première fois en Belgique par le baron de Colins. Il s'agissait là du collectivisme *agraire :* de Colins excluait de la propriété non seulement le sol mais aussi les maisons — mais les grands théoriciens de ce collectivisme sont Karl Marx et Lassalle.

577. — **Karl Marx :** Karl Marx, professeur de philosophie à Bonn, quitta sa chaire en 1841, pour faire de la politique révolutionnaire et socialiste. Il fut chargé par une association ouvrière internationale, la *ligue des communistes,* dans un congrès tenu à Londres en 1847, de rédiger un programme.

Il est plus facile de se rendre compte des doctrines marxistes en étudiant le manifeste de 1847 que de les extraire des trois volumes de son œuvre maîtresse « Das Kapital » dont la lecture est très pénible.

578. — **Lassalle :** Lassalle, dont la vie terminée par un duel tragique semble un roman, est un coopératiste autant qu'un collectiviste. Ferdinand Lassalle demandait que l'État consacrât quelques centaines de millions à subventionner des sociétés coopératives de production, de façon à leur permettre de soutenir la concurrence contre les entreprises patronales, mais *aujourd'hui le collectivisme est hostile à la coopération.*

579. — **Autres écrivains socialistes :** Sans pouvoir nous étendre sur leur personnalité ni

1 Rodbertus Jagetzow, *4e lettre sociale à von Kirchman* composée en 1852 et publiée après sa mort sous le titre de *Das Kapital* (Bourguin, *Les systèmes socialistes,* p. 8).

sur leurs écrits, nous devons encore signaler le français Benoît Malon, mort en 1893 (ouvrages principaux : le *Socialisme intégral*, l'*Histoire du socialisme :* il a fondé la *Revue socialiste*) ; les Belges de Paëpe, Vandevelde ; les Allemands Liebknecht, Bebel, Kautsky ; les Italiens Merlino, Ferri...

580. — **Critique des doctrines collectivistes :** Il faudrait tout un volume pour réfuter les doctrines collectivistes. Quelques observations en feront apercevoir les points faibles.

Le principe fondamental de la doctrine collectiviste se formule ainsi : « L'ouvrier doit, avec le prix de son travail, pouvoir racheter intégralement le produit de ce travail ».

Et l'ouvrier, payé en bons de travail, reçoit une quantité de ces bons proportionnelle non à la valeur du produit qu'il a créé, mais au temps que ce produit lui a coûté.

D'où il suit que le vin d'Argenteuil et le Chambertin coûteront le même prix par chaque barrique, si la production d'une barrique de l'un ou de l'autre a coûté le même temps de travail.

Donc avec le même prix l'un des ouvriers achètera une barrique de Chambertin, et l'autre une barrique d'Argenteuil ? Alors tous deux voudront du Chambertin et il n'y en aura pas pour tout le monde !

D'incohérence en incohérence, on arrive à la nécessité pour l'État de régler lui-même la quantité et la nature des objets qui devront être fournis par chaque producteur. Ce sera un système de réquisition.

581. — Quelle charge pour l'État ! et quel despotisme !

On comprend que les premiers et les plus célèbres apôtres du collectivisme aient refusé de formuler l'organisation de la société future! Marx, Bebel, Liebknecht recommandaient à leurs adhérents le silence sur cette organisation. C'était prudent... Mais leurs successeurs, de Paëpe, Jaurès, n'ont pas imité cette sage réserve.

Aussi, toute cette organisation (théorique bien entendu) est-elle tombée pièce à pièce, abandonnée par ceux-là même qui l'avaient formulée.

On comprend la réponse évasive autant qu'enthousiaste de Bebel, qui, mis en demeure, en plein Parlement, de définir la société collectiviste, s'écria : « Mais définissez donc le Paradis! »

SECTION III

Le socialisme agraire.

582. — **Socialisme agraire :** Cette école ne demande que la *nationalisation* du sol.. C'est là une idée basée sur la prétendue illégitimité de la propriété foncière : divers systèmes ont été proposés pour la réalisation de cette conception, tels que :

1° La suppression du caractère de perpétuité de la propriété foncière qui serait remplacée par des concessions à long terme : de 99 ans par exemple.

2° Un impôt croissant ayant pour but de supprimer la plus-value qu'on appelle rente (*unearned increment*). Ce système (*single tax system*) remonte par ses origines jusqu'aux physiocrates [1].

1 Mais l'impôt sur le sol des physiocrates, et le *single tax* d'Henri

Il a été préconisé par l'américain Henry George dans son livre : « *Progress and poverty* » qui a eu un immense succès.

583. — Ces systèmes, impraticables dans un pays où la propriété est déjà constituée (ils aboutiraient en effet à une spoliation), pourraient être appliqués dans les pays neufs où elle ne l'est pas encore.

SECTION IV

Le socialisme d'État.

584. — **Le socialisme d'État et les gouvernements** : Cette doctrine est généralement aussi bien vue des gouvernements que les autres écoles socialistes le sont des révolutionnaires. C'est qu'en effet elle est essentiellement interventionniste, et rejette absolument le principe du « laissez-faire » (V. *suprà*, n° 56).

585. — **Les socialistes d'État et la thèse évolutionniste** : L'école des socialistes d'État se rattache à l'école historique ; tandis que l'école classique considère la propriété foncière, le salariat comme des institutions définitives dues à des causes nécessaires et générales, l'école des socialistes d'État, comme l'école historique, les considère comme de simples « catégories historiques » dues à des causes diverses et qui ont adopté des formes variables suivant les temps et suivant les pays.

586. — L'admission de la « thèse évolution-

Georges n'ont de commun que l'assiette de la contribution. Leur but est profondément différent.

niste » est le caractère commun de toutes les écoles socialistes. Quand même l'ordre social ne serait pas renouvelé par une révolution violente, comme le voudraient les partisans de la « thèse catastrophique », une évolution fatale conduirait à la destruction de la *propriété individuelle* destinée à être remplacée par la *propriété collective*.

A cette affirmation, M. Bourguin répond avec autant d'autorité que de bon sens : « Si l'on descend le cours de l'histoire, on voit que l'évolution, loin d'amener une élimination graduelle des échanges, se poursuit au contraire dans le sens d'un développement progressif de la division du travail et de la production pour le marché » [1].

587. — **L'esprit communiste et l'esprit réglementaire :** Les socialistes d'État, par cela même qu'ils ne croient guère aux lois naturelles, attachent une grande importance aux lois positives.

Mais, comme le fait observer M. Deschamps[2], si les socialistes d'État sont tous, au premier chef, des interventionnistes, deux esprits distincts les animent dont la divergence tend à faire de leur école, deux écoles : l'esprit communiste, l'esprit réglementaire.

Le premier se propose d'agir sur la répartition : de prendre aux uns pour donner aux autres. C'est du communisme légal : « Le pillage des propriétaires, écrivait Bastiat, n'est pas moins du pillage parce qu'il s'accomplit avec le concours de la loi ».

La direction réglementaire n'a rien du commu-

1 Bourguin, *Les systèmes socialistes*, p. 338.
2 M. Deschamps, Cours de 1901-1902.

nisme ni dans ses intentions, ni même dans ses résultats.

588. — On dit couramment — et beaucoup croient — que c'est l'école socialiste d'État qui a provoqué toute la législation ouvrière de ces dernières années (travail des femmes et des enfants, etc.). L'État est-il apte d'ailleurs à jouer le rôle que voudrait lui attribuer cette école? C'est la question : « ... *Timeo Danaos et dona ferentes* »).

M. Deschamps se refuse absolument à rattacher ces mesures au socialisme d'État; et il en attribue, — avec raison, selon nous, — l'origine à l'esprit réglementaire.

Ce qui a produit la confusion, dit M. Deschamps[1], c'est qu'il y a là autant de mesures qui correspondent non pas à des *revendications socialistes*, mais à des *revendications des socialistes* — ce qui n'est pas du tout la même chose.

SECTION V

L'école coopératiste.

589. — *Le coopératisme.* Ce système très récent dont le grand propagateur est M. Charles Gide, attend l'amélioration sociale de l'association coopérative (de consommation, de construction, de production, de crédit). Il a l'avantage de rallier à lui des hommes de toutes les écoles. Son grand mérite est de n'avoir rien de révolutionnaire et d'attendre son succès de la liberté.

Les socialistes le haïssent comme un obstacle; —

1 *Loc. cit.*

les socialistes d'État feignent de le dédaigner comme une illusion. Aux individualistes qui ne croient pas l'altruisme incompatible avec leur dogme fondamental du « laissez-faire, laissez-passer » il n'est pas défendu de le saluer comme une espérance.

TABLE

INTRODUCTION.

TITRE I

La production.

TITRE II

La consommation.

TITRE III

La circulation.

TITRE IV

BAR-LE-DUC. — IMPRIMERIE CONTANT-LAGUERRE.

A LA MÊME LIBRAIRIE

BAR-LE-DUC. — IMPRIMERIE CONTANT-LAGUERRE.

www.ingramcontent.com/pod-product-compliance
Ingram Content Group UK Ltd.
Pitfield, Milton Keynes, MK11 3LW, UK
UKHW031836260826
14628UKWH00001B/427

9 782019 715922